融合与共生：民族文化育人的校本实践研究

赵学斌◎著

吉林出版集团股份有限公司｜全国百佳图书出版单位

图书在版编目（CIP）数据

融合与共生:民族文化育人的校本实践研究/赵学
斌著. — 长春：吉林出版集团股份有限公司，2021.8
　　ISBN 978-7-5731-0423-6

　　Ⅰ.①融… Ⅱ.①赵… Ⅲ.①民族地区—中等专业学
校—文化素质教育—中国 Ⅳ.①G719.2

　　中国版本图书馆 CIP 数据核字(2021)第 183002 号

书名：融合与共生:民族文化育人的校本实践研究
著　者／赵学斌
出　版　人／吴文阁
责任编辑／朱子玉　　杨帆
责任校对／王　红
开　本／185mm×260mm　1/16
字　数／260 千字
印　张／10.75
版　次／2022 年 8 月第 1 版
印　次／2022 年 8 月第 1 次印刷
出　版／吉林出版集团有限责任公司（长春市人民大街 4646 号）
发　行／吉林音像出版社有限责任公司
地　址／长春市绿园区泰来街 1825 号
印　刷／廊坊市海翔印刷有限公司

ISBN 978-7-5731-0423-6　　定价／49.00 元

内容简介

　　本书立足于校本实践，基于融合共生的文化观和实践观，就民族地区中职学校与民族文化如何构建互嵌共生的谐振状态展开理论和实践探索，既基于实践从理论层面论述了民族地区中职学校开展民族文化育人的价值、背景、场域等问题，又结合理论从实践层面阐释了个案学校如何围绕学校育人目标与民族文化融合、学校育人载体与民族文化融合、学校育人方式与民族文化融合、学校育人平台与民族文化融合等四个维度实施民族文化育人的行动图景，这对民族地区广大中职学校创新人才培养模式、传承创新民族文化与技艺具有一定的理论和实践指导价值。

　　由于作者水平有限，书中不足之处在所难免，在此恳切地希望广大读者朋友给予批评、指正。

序

在中华民族几千年的历史过程中,中国形成了统一的多民族国家格局,这个格局的形成不仅来源于中华民族"大同社会"的政治理想,同时,也源自其"多元一体"的文化观。各民族间"和而不同"的文化凝聚着各族人民的身份认同与心理归属,亦铸造了一个内涵丰富的文明体系与具有超越性的中华民族文化共同体。

中华民族伟大复兴的基础是文化的复兴。1936年,潘光旦先生在《民族的根本问题》一文中说:"我以为民族复兴的中心问题是:在扰攘的20世纪的国际环境之内,在二三千年闭关文化的堕性的拖累之下,我们的民族怎样寻求一个'位育'之道。约言之,民族复兴的中心问题是:民族位育。"[①]"位育"一词来自《中庸》"致中和,天地位焉,万物育焉"之语。中华民族的民族位育有两个层面,一是中国各民族的民族位育;二是面对世界中华民族的民族位育。实质都是"文化位育"。[②]潘光旦认为:中文的"位育"超过了文化生态学中文化"适应"的概念。因为这里的核心含义是万物和谐的"中和",而不是简单的对环境去适应。致中和,是潘先生所言"文化位育"的核心,通过文化达到与自然相合,社会相合,民族相合,和谐共生。本书名为《融合与共生:民族文化育人的校本实践研究》,通篇立足于"文化"与"共生",充分体现了"民族位育"和"文化位育"之内涵。

本书诞生于重庆市彭水苗族土家族自治县,这片多民族土壤上的耕耘者之一便是潘光旦先生。1952年全国院系调整,潘光旦先生离开我们清华大学社会学系民族组,与吴泽霖、费孝通等先生一同到中央民族学院任教。1953年,他开始进行土家族的研究,完成了15万字的论文《湘西北的"土家"与古代巴人》。1956年5月,他作为全国政协民族组副组长参加了全国政协民族组调查团赴湘西北考察,完成了《访问湘西北"土家"报告》。1956年10月,国务院批准认定土家族是我国的少数民族。紧接着,他在1956年底到武陵山区考察,将土家识别的范围从湘西北拓展到鄂西和渝东南。据张祖道《1956,潘光旦调查行脚》记述,这次考察历时65天,到过18个县市,行程7000公里。临近年底,考察组从武隆到进入彭水,在彭水、黔江、酉阳和秀山停留了11天,还在彭水县的汉葭镇还召开了座谈会。对于撑着双拐行路的先生来说,其致力于民族文化的精神令人感动!另一位在这片民族土地上的耕耘者是出生于秀山县的李绍明先生。上世纪80年代,他曾参与原四川省少数民族识别与归并工作,其中就包括今渝东南地区的5个土家族和苗族地区的酉阳、秀山、黔江、彭水、石柱。他主持的这一民族识别和归并工作,为后来建立包括彭水苗族土家族自治县在内的5个自治县以及苗族和土家族的民族文化保护做出了直接的贡献。

---

① 潘光旦,"民族的根本问题",载1936年3月1日《大公报》及《华年》第五卷第10期,1936年3月14日。见《潘光旦民族研究文集》,民族出版社1995年。页47。

② 潘光旦,再谈种族为文化原因之一,《潘光旦民族研究文集》,民族出版社1995年。页1-6。

然而，在当今市场主义与全球化的浪潮冲击下，中华民族正面临"世界百年未有之大变局"，民族文化的传承与创新面对诸多新挑战，这种挑战不仅来自于外在的环境形势，更来源于内在的价值观念。近年来，如何利用民族文化铸牢中华民族共同体成为了研究与实践的重要课题。在保护与传承民族文化的实践图景中，教育所发挥的功能不容忽视。而作为与区域经济社会联系最为紧密的教育类型，职业教育在传承与创新民族文化方面具有得天独厚的优势。早在2013年，由教育部、文化部、国家民委联合下发的《关于推进职业院校民族文化传承与创新工作的意见》就明确指出："职业教育作为国民教育的重要组成部分，是民族文化传承创新的重要载体。"尤其在民族贫困地区，基础教育的升学导向与高等教育的缺位发展，愈发凸显职业教育传承创新民族文化的必要性和重要性。

　　本书由重庆市彭水苗族土家族自治县职业教育中心赵学斌校长、吴永强副校长带领团队共同完成，该中心校有着深厚的民族文化教育的基础，本书就是其民族地区职业教育传承创新民族文化的鲜活的、生动的实践典范。本书前三章内容通过对中职学校民族文化育人的价值逻辑、理论基础及场域空间三个元素的分析形成了整个研究的上位逻辑，即中职学校民族文化育人的哲学层逻辑；而第四章到第十章则构成了整个研究的下位逻辑，即中职学校民族文化育人的实践层逻辑。一方面在构建顶层设计，另一方面则扎根现实情境，理论思想与经典个案的结合，实现了宏观与微观经验的相互补充和印证。这本著作不仅提供了民族教育认知论上的资源，也为我们提供了方法论与实践论上的资源，在很大程度上呈现出一所民族地区中职学校所具有的理论和实践的贡献潜力。

　　本书是理论与实践"融合"的结果。一方面，本书从文化空间理论、文化资本理论，文化嵌入理论和文化共生理论等理论视角，考察和探讨了当前职教发展与民族文化育人的关系，并试图探索出一条民族文化育人的中国路径，在论述上深入却不晦涩、简洁却不简单，全文所阐述的理论并非是穿凿附会所强行附加的意义，也不是一些夺人眼球的新词、大词，而是民族地区一所中职学校在实践探索与文化生产过程中宝贵的知识经验。其实，在合适的土壤中本土化理论就会觉醒，正如"世界苗乡"作为彭水苗族土家族自治县职业教育中心的文化育人土壤一样，这本书本身也是诞生于此。而特别让人感到欣慰与惊喜的是，"民族文化育人"在本书中不是一个简单空洞的"口号"与"论述"，而是一个身体力行的实践"过程"与"成果"。本书的作者有丰富的民族地区生活经验与民族文化育人实践，正是通过他们孜孜不倦的身体力行，让我们通过这一所中职学校看见了民族文化育人的生动样态及精彩可能。

　　面临百年未有世界之大变局，民族文化的明天将面临怎样的挑战？民族文化位育的明天应何去何从？民族地区职业教育的"明天"又会怎样？教育本身所附带有的先导性作用，让我们对上述问题的回答要不断地突破现有的知识前沿。唯有面对外部压力与内部危机对民族文化育人带来的严峻挑战，凝练内在自生力与对外融合力，方能体现出职业教育和民族文化的独特价值与积极作用，让民族文化育人在中国的土壤中开花结果。我衷心祝愿彭水苗族土家族自治县职业教育中心在未来的民族文化职业教育中不断创新，再创佳绩！

张小军

教育部全国民族教育专家委员会委员

清华大学社科学院人类学与民族学研究中心主任

中央民族大学铸牢中华民族共同体意识研究基地学术委员

目录 MULU

第一章 >> 民族文化育人的价值逻辑

民族文化是少数民族在特定的自然与历史时空下,形成的独特的生存策略与民族智慧①,主要内容包括民族文学、民族艺术、民族科学技术等②。所谓民族文化育人,则指通过对民族文化的追根溯源以及对文化内容及其性格的深入剖析,有选择地对民族文化进行延伸和拓展,使之成为育人素材与方式,并以多种形式有机引入学校及其教学体系中,实现以文化人。它是一种渐进的社会实践活动,其价值是教育和民族文化有机融合沉淀的结果,主要体现为育人主体的需求与育人客体的有用性在民族文化中的凝聚与统一,是民族文化育人开展的出发点和落脚点。因"价值是建立在现实的主客体关系基础之上的,主体在实践活动中对自身需要的满足和超越。价值立足现实,指向未来,是工具性和目的性的结合,规律性和目标性的统一"。③ 故此,立足于中国特色、未来发展、国际视野以及在均衡民族文化特殊性与普遍性张力的基础上,民族文化育人具有政治、经济、社会、文化、教育等多重价值逻辑。

第一节 民族文化育人的政治价值逻辑

民族文化育人的政治价值是关于民族文化育人价值取向模式的规范性引导和调节,是对民族文化多元主体之间关系、活动方式及其结果的认识与选择。在民族文化育人的多重逻辑中,政治价值逻辑确立是首要、核心和必需的,其他价值的呈现及其大小都受到政治价值的制约。就民族文化育人改革发展而言,政治导向性是其重要特征,无论是站在历史唯物主义角度,抑或是在新时代背景下,系统分析民族文化育人的政治价值逻辑,对于明确民族

① 曹能秀,王凌.论民族文化传承与教育的关系[J].云南民族大学学报(哲学社会科学版),2009,26(05):137—141.
② 高万能,李瑞熙.论民族文化的内涵与创新[J].贵州民族研究,2005(03):65—71.
③ 张亚丹.大学生思想政治教育价值论[D].西南大学,2011.227.

文化育人发展取向具有重要意义。

首先，民族文化育人有助于提升文化自信，实现中华民族伟大复兴。"文化自信是对自身文化价值的肯定，对优秀文化传统的继承与弘扬，同时又是对当下当前的文化状态的自觉认知，进而产生对文化未来发展的坚定信心"①，"文化自信是一个国家、一个民族发展中更基本、更深沉、更持久的力量。没有高度的文化自信，没有文化的繁荣兴盛，就没有中华民族伟大复兴"②。而文化自信的提升离不开文化振兴，民族文化是我国文化的重要成分，民族文化育人是实现文化振兴的重要途径，能够为文化全面振兴提供哺育和支撑，是文化振兴的力量之"根"、发展之魂和应有之义。第一，教育的实践属性能够赋能民族文化主体，特别是对于民族地区的职业教育而言，有着天然的"亲民基因"优势，能够根据职业的变迁与确定，开发适应职业岗位能力需求的人才培养方案和课程体系，通过理实结合、训育结合的教学，确保教育与文化、职业的高度匹配，培养能够传承和创新民族文化的主体。第二，教育的社会属性能够拓展民族文化空间。通过教育的社会服务，民族文化走出校园，拓展公共活动空间，丰富社会日常文化生活，活化日常文化空间，与此同时，激活传统民族文化活动，恢复传统文化空间。第三，发挥教育的产业属性，激发民族文化再生能力。结合专业课程的教授，可孕育物质文化、非物质文化载体，打造文化平台空间，培育文化传承人才，创新文化发展及传承形式，使民族文化再生能力得以强化。总之，要扎根中国实施民族文化育人，坚定中国教育自信，延续"根"凝聚"魂"，用优秀民族文化营养培育中华儿女，为中国特色社会主义培养建设者和接班人。通过教育自信增强文化自信，用中华民族的智慧和文明成果走出一条具有中国特色的教育发展道路，为世界教育的发展理念及模式贡献中国智慧和中国方案。

其次，民族文化育人有利于增强民族文化认同，促进社会和谐发展。"文化认同是指个体对于所属文化以及文化群体内化并产生归属感，从而获得、保持与创新自身文化的社会心理过程。"③文化认同作为一个历史过程，从初级层面上来讲：一是身份层面上将个人身份归结于某一族群；二是思想层面上认同族群内的价值取向；三是行为层面上践行族群内的伦理规范。从高级层面上来讲：文化认同是对文化形态生成、发展、流变历程科学认知基础上形成的一种文化适应状态，形成有别于其他族群的差异化文化形态，表现为心理上的内化，行

① 张雷声.文化自觉、文化自信与社会主义核心价值体系[J].思想理论教育导刊,2012(01):8—9.
② 习近平.决胜全面建成小康社会,夺取新时代中国特色社会主义伟大胜利——在中国共产党第十九次全国代表大会上的报告[M].北京,人民出版社2017年版,第23、40、41页.
③ 陈世联.文化认同、文化和谐与社会和谐[J].西南民族大学学报(人文社科版),2006(03):117—121.

为上的外化。① 文化认同是国家认同与民族认同的桥梁和纽带。② 特别是在中国这样一个"多元一体"的民族大家庭,民族文化认同是民族发展的前提,是实现各民族对伟大祖国认同、对中华民族的认同、对中国共产党认同、对中国特色社会主义认同的基础。但现实中,民族文化认同面临着诸多困境:一些人对民族文化自信不足,视传统文化为过时落后的代名词;在文化旅游开发的大潮下,民族文化被过度消费、严重污染;在国学复兴的旗号下,"传承"演变成为"复古",不断消解着民族文化的感染力、传播力、创造力。此外,中国建立和完善社会主义市场经济体制必然包含着深刻的文化更新过程,在这个过程中,我们不可避免地会面临如何建立统一的、一致的、共享的文化精神或文化价值观这一问题。特别是学校内部面临着复杂的文化生态环境,必须积极应对多元文化杂糅并存和各种价值观念的冲突碰撞,必须处理好各种文化之间的取舍、平衡和协调,把尊重文化多样性与加强主流文化的引导结合起来。事实证明,如若忽视不同利益群体的差异、压抑不同个性和见解,仅仅依靠政治上的高度集中而实现的社会整合是一种低度的整合,它虽然在一定时期内能够维持某种程度上的社会稳定,但不能对不同群体利益进行有效的协调和调整,因而始终存在着社会分化甚至解体的隐患。总之,社会现代化转型打破了社会固有的民族文化格局。

文化认同过程的实质就是对民族文化符号的赓续与创新,改造为复合文化主体需求的文化内容与形式,最终实现主体内在文化价值选择的自觉。而民族文化育人则是与国家政治环境相互作用的产物,其来源于政治需求,党和国家将自己的政治意愿体现在民族文化育人之中传递给各族人民,塑造出符合时代发展的社会环境和社会主义公民,是促进民族文化认同的长效机制。因为学校教育始终在民族文化认同、传承与创新中发挥着重要作用,要将优秀民族文化贯穿国民教育始终,深入改变民族文化发展生境。同时,学校作为一个系统化教书育人的场所,是知识性、思想性、创新性的聚居地,更是民族传统文化认同、传承、创新的前沿阵地。要区分不同层次、不同阶段、不同地域学校教育的特点,注重不同阶段和不同层次教育的整体衔接;唤起个体在民族文化学习中的积极性、自主性以及创造性,遵循认知规律和民族传统文化的教育教学规律,建构起科学的民族传统文化教育体系;改变以功利化为导向、以灌输为手段的教育模式,注重文化体验、情感共鸣、文化熏陶在民族传统文化认知中的感染作用,用具体的历史知识和现实案例,使受教育者在自我历练中体会到民族文化的巨大力量,主动担负起民族文化传承发展的重任。

---

① 钟瑞添,刘顺强.民族文化认同与振兴之路[J].长白学刊,2019(04):149—156.
② 罗春秋,朱云生,代俊.认同与构建:新中国成立以来少数民族文化政策变迁研究[J].贵州民族研究,2020,41(02):21—26.

最后,民族文化育人有助于增强民族凝聚力,构建民族共同体。民族凝聚力是一个民族发展壮大的重要力量,是一个国家与社会兴旺发达、长治久安的重要基础,若一个国家没有民族凝聚力,那就如同一盘散沙。其中,民族文化是一个民族凝聚力的重要载体,没有文化因素作为依托,民族凝聚力也难以起到鼓舞人心的向心力作用。具有以民族文化为标志的核心素养的人,在成为一个具有更高生产效率的劳动力的同时,也将成为促进民族团结、建设和谐社会的中坚力量。具有民族传统文化的人会从心底生发出团结、和谐的美好社会环境的需要,才会对社会中存在的不和谐因素感觉到紧张和不安,也才会从内心深处督促自己要尽力促进民族团结,成为民族共同体中的一分子,这是因为他所具备的核心素养中的民族文化的召唤正在或已经转化为促进民族团结、建设和谐社会的意识和行动。而为了把经过数千年沧海桑田变迁的优秀民族文化的价值意蕴注入到中华民族儿女的心理价值体系之中,从而汇聚为一股强大的民族凝聚力,必须通过系统的教育。此外,民族文化育人既是一种稳定剂,也是一种黏合剂,有助于构筑稳固的民族文化共同体。我国是一个异质文化共存的文化生态环境,必然要求各民族文化要素之间的兼容并包,强调特定文化场域中的个体对待外部文化格局的文化选择与文化认同。当外来文化进入已有文化体时,教育的第一反应便是通过黏合降低其冲击力,形成一股缓冲力,待本体文化与外来文化的黏合达到力量均衡时,教育又采取其他方式有机整合沉淀两种文化,最终形成文化共同体。需要强调的是,强化中华民族共同体意识,并不是人为弱化民族特色或消除民族差异性,而是在更高的层次上凝聚中华各民族团结的力量,为的是国家整体利益和各民族共同利益。换言之,对全体学生(包括主体民族学生和少数民族学生)进行多元一体的教育,以主流文化为主体,规范、改造、吸纳其他不同性质、不同形态、不同形式的非主流文化教育,构筑共同的价值观念体系,通过文化育人,消除民族之间的隔阂,进而实现其价值认同,促进民族同胞凝聚共识。

第二节　民族文化育人的经济价值逻辑

"文化对于经济的作用,这是没有疑问的"[1],文化具有经济性,它已经深深融入经济之中,几乎所有经济活动和物质产品都会包含着文化因素和文化内涵,文化已成为当代社会生产力的原发性因素和经济增长的基本推动力量。没有文化做支撑,生产力就不可能获得质

---

[1]　[美]塞缪尔·亨廷顿,劳伦斯·哈里森等.文化的重要作用:价值观如何影响人类进步[M].程克雄,译.北京:新华出版社 2010 年版,第 43 页.

的提升和大的跨越①。就此而论,民族文化既具有其自身的文化属性,亦具有经济属性②。一般而言,民族文化经济价值的实现机制主要通过两个途径:一是民族文化通过影响人的思维、行为、选择方式间接作用于经济活动;二是民族文化与经济活动直接发生反应。民族文化育人则与前者相呼应,即通过教育将民族文化附着在传承的正常个体身上,将民族文化因子转化为经济资本。最终实现民族文化的延续,并随着人力资本的积累,实现对文化的经济形态再创造,推动文化向高层次转化,使之更具活力。总体而言,民族文化育人的经济价值主要体现在以下四方面:

首先,民族文化育人是推动民族文化产业化的内驱力。所谓民族文化产业化,即将抽象的民族文化具象化,或者说是实现文化符号的产业化,促使"文化力"向"经济力"的转化。③在我国社会主义市场经济飞速发展及全球化竞争日趋激烈的大环境下,文化产业化运作成为民族文化保护发展的方式之一,亦是提高民族地区乃至中华民族文化竞争力的重要战略选择,更是促进我国民族地区乃至全国经济发展的重要途径。但是,当前民族文化产业缺乏科学系统的发展观,对民族文化产业的内涵挖掘不足,造成民族文化产品的市场竞争力不足。同时,民族文化资源破坏较为严重,保护开发机制不够健全。因此,通过民族文化育人可以有效构建民族文化—生态环境—社会经济和谐共生的发展模式,因地因校制宜,优化民族文化资源配置。例如发展民族传统体育可以加速体育产业的发展。推动民族地区民族服饰、活动器材、运动训练等生产的发展;建设一批大、中、小等不同类型、不同标准的民族体育活动场地和设施,促进交通、邮电、商业和饮食等行业兴起;组织精彩的民族项目赛事,设立竞赛场地的广告和电视转播,既可以增加民族地区体育职能部门的经济收入来源、缓解经费不足的现象,又可以起到传播商品信息、扩大商业需求和推广生产发展的作用;协调体育与有关部门的利益问题,使民族体育与民族旅游业有机结合在一起,谋求赞助,发售民族体育邮票,开设民族体育网站,发布咨询结果,这是民族地区通过民族体育产业提高经济效益的集中表现④。与此同时,为系统发展民族文化产业,民族文化育人不能局限于常规的以人才提供为核心的教育教学,而是拓展为以民族文化科技成果转化以及校办产业的方式实现民族文化的经济价值。具体来说,学校通过依托于区域内丰富的民族文化包括物质文化类、非物质文化类、自然生态文化类、民族民居文化类、民族器物文化类以及古代文化类,通过创造

①　谢名家."文化经济":历史嬗变与民族复兴的契机[J].思想战线,2006(01):31—38+54.
②　李忠斌.民族文化经济价值度量及其实践意义[J].西南民族大学学报(人文社科版),2020,41(03):28—37.
③　李忠斌.论民族文化之经济价值及其实现方式[J].民族研究,2018(02):24—39+123—124.
④　芦平生.对民族传统体育发展的科学认识[J].天津体育学院学报,2003(02):4—7.

性的再生和转换，将其开发为民族文化产业，有机地形成可持续开发的民族文化产业链。发挥专业优势，以专业促产业，增强自主发展和参与经济发展的综合实力，探索民族文化产业和教学、科研相结合的不同模式，逐步形成"学院＋民族文化产业＋人才"的校办产业模式。例如建立"产权清晰、权责明确、管理科学"的现代企业制度，组建股份制民族文化有限公司，实行"自主经营、自负盈亏、自我积累、自我发展"。

其次，民族文化育人是培育民族文化产业人才的坚实基础。"对于少数民族文化产业发展，人才是关键"。① 在社会系统中，对组分、结构、环境的改变起决定性作用的无疑是人，因为系统孕育、发生、成长、完善、转化、衰老、消亡的过程，其实质都是以人的意愿和行为做引导。"任何资源的分配、协调实际上都是以人为中心。"②因此，民族文化产业系统人力资源开发的质量和数量决定着民族文化产业的兴衰成败。但是，目前，我国民族文化产业人才队伍匮乏，难以满足民族文化产业发展的需求。首先，民族传统技能与工艺的传承人才缺失。民族文化产业的很多领域人才匮乏严重，如民族饮食制作、手工艺品制作等方面尤为突出。其次，民族文化产业的科技研发和经营管理人才缺乏。目前，民族文化产业人员缺少专业化的人才培训，人才队伍整体水平不高。再次，民族文化品生产技术人才缺乏。民族文化产业发展需要大量的文化产业生产技术人员，而现有的文化产业生产技术人员短缺，结构不均衡。民族文化育人是改善民族文化供给侧的基础，这是因为教育具有以下功能：一是为民族文化人才创造良好的成长环境。民族地区文化产业发展要结合实际，形成产业发展与人才队伍相互协调的科学机制，采取开放式的人才政策，以吸引民族文化产业发展所需要的各级各类专业人才，坚持重艺又重才的人才培养原则，建立公平公正的人才管理机制。二是建立完善的人才培训机制。推动民族文化产业的发展，应开展文化产业需求的各层次人才的培训，要逐步形成专门的文化产业人才培训机制。既要积极培育，又要大力引进，处理好人才内部培养与从外部引进的关系。在内部人才培养方面，要充分挖掘现有人才的潜力，通过优化配置，充分发挥人才的潜能。在外部人才引进方面，在教育行政部门的统筹下可因地制宜高薪选聘国家级优秀民族文化传承人进校并担任兼职教师，又或者鼓励大师通过成人自考以提高学历从而进校成为专职教师。与此同时，成立大师工作室并纳入日常教学，同时将具有扎实教学技能和丰富理论素养的优秀民族文化传承人作为专业带头人，并面向全体教师开展优秀民族文化知识通识教育，促进即将担任民族文化教学教师的转型。三是优化人才

---

① 王丹玉，王山，奉公.民族地区农村文化产业发展路径探析[J].西北农林科技大学学报(社会科学版),2016,16
(06)：154—160.

② 周三多.管理学[M].北京：北京大学出版社 2000 年版，第 106 页.

结构与规模。可根据民族文化产业发展需求,调整人才队伍,优化人才结构与规模。另外,如部分省份地方学校与地方民族文化产业合作,对少数民族学生开展定向委托培养,有力补充民族文化产业专业化人才。专项培养一批文化研究、文化创意、文化管理高端人才,制订与市场接轨的、可持续发展的文化产业人才培养计划。

再次,民族文化育人是打造民族文化产业园区的主要途径。民族文化产业园区模式是一种综合性的民族文化产业发展模式,能充分发挥集聚效应。但是以往人们忽视了以文化为内核的产业园区建设,而这恰恰是民族文化优势与经济要素、自然禀赋很好结合的产业发展模式,其经济增长与减贫效应将得到更好的发挥。例如,特色村寨民族文化产业园可建设包括生产型(文化产品的生产、创意)、消费型(演艺、传统工艺、饮食)和文博型文化产业园(家族、专业博物馆)。通过文化产业园区建设和加大村寨供给侧结构性改革,让村寨提供更多的生产性、服务性和功能性产品。民族文化育人通过打造民族文化产业园区,一是能更好地服务园区经济,为地方社会经济发展培养更多的实用性技术人才,实现学校和企业的优势互补,基地共建,人才共育,成果共享。二是有利于面向产业发展以及市场需求切实解决实训基地、实训设备和实训教师问题,能够加快完善民族文化产业园区配套措施,提高园区的企业入驻率和入驻企业的投产达产率。三是能最大限度满足企业对民族文化产业人才的要求,缩短教育周期,避免人才培养的盲目性,破解教学"硬件"滞后于生产应用的"瓶颈"。为达成以上目标,民族文化育人的行动范式扩展为"文化产业园区+标准厂房+职业教育",即一种由政府规划创办民族文化产业园区,企业建设标准厂房、配套发展职业教育,学校相关专业主动进园区办学,园区主动服务学校学生,合作双赢,形成良性互动的格局。譬如打造职业教育与园区经济交构与耦合的互动平台,共同构建高层次民族文化产业人才培养实训基地,共同开发民族文化专业和课程模块,共同搭建民族文化产业人才孵化基地和见习工坊,等等。

最后,民族文化育人为扩大民族文化影响力搭建了平台。中国经过 40 多年的高速发展,已经是世界第二大经济体。但是,中国距离世界强国(特别是文化强国)还很遥远。事实上,只有经济的强大,没有文化的繁荣和超强的吸引力,一个国家永远都不可能成为世界强国。今天和未来,中国所要做的就是在不断吸纳、继承、发展、创新过程中繁荣自己的文化,同时通过对外文化传播来扩大中华文化的国际影响力,使中国成为真正意义上的世界强国。[①] 特别是在经济全球化日益加深的时代,文化的软实力作用愈加突出,文化力成为一个

---

① 朱瑞平,张春燕.汉语国际教育背景下文化传播内容选择的原则[J].云南师范大学学报(哲学社会科学版),2016,48(01):47—53.

国家和地区生存发展不可或缺的重要一环。文化势差的存在促进了文化在两个或多个主体之间的交流传播。文化交流一方面有利于增强民族地区的文化活力及对异文化的包容力，另外一方面在吸引资金、技术，借鉴管理经验，推动文化产品贸易等经济领域作用突出。教育跨国合作是现代教育体系的重要组成部分，是文化输出的重要渠道。就以汉语国际化教育为例，因为"语言蕴含在人文环境里，语言与文化的关系密不可分"①，为此，须将优秀的民族文化渗透于语言教学中，只有这样，才能提升汉语教育的效果。通过设立孔子学院，将其作为中国语言文化与交流中心，组织开展各种民族文化表演活动，随之带来的结果是通过实现文化互通，使得他国更加了解我国文化。此外，在"一带一路"的背景下，沿线地区的教育对于加强与沿线国家和地区的文化交流，同时学习其他国家先进文化理念并加以创造性运用，打造一批典型文化品牌，提高我国民族地区文化产品竞争力具有重大意义。

第三节　民族文化育人的社会价值逻辑

"当我们说某些东西为人们所认可的时候，我们是在阐述一件事实，陈述某种已经存在着的东西，这不是在判断那件事实的价值②"，"某些东西为人们所认可"即某种东西满足了人们某种需要，是事物存在的价值所在。对于民族文化育人而言，它本质上是一种社会实践活动，其社会价值建立在社会大众的需求之上，表现为教育所应当担负的社会责任与义务。在广义上，民族文化育人的社会价值是包含政治、经济、文化与教育价值；在狭义上，社会价值是政治、经济、文化与教育价值衍生出的另一种价值，即社会价值的存在有赖于上述四种价值的实现，是一种"附着"价值。

一是满足人民日益增长的精神文化需求。党的十九大报告指出"中国特色社会主义进入新时代，我国社会主要矛盾已经转化为人民日益增长的美好生活需要和不平衡不充分发展之间的矛盾"。而"丰富的精神文化生活"则是美好生活需要"品质性"的重要标志要素之一。承前所述，民族文化育人的开展意味着民族文化产业的发展、民族文化产业人才的增多等，而这将使得学校的民族文化设施更加完善，民族文化活动更加多样，民族文化教育更加系统。这些都为学校为社会公众提供民族文化服务孕育了肥沃的土壤。其一，学校可通过

---

① 李雅，夏添．"一带一路"背景下中亚汉语国际教育与中华文化传播机遇与挑战[J]．当代教育与文化，2019，11（06）：31—36．

② 约翰·杜威，民主主义与教育[M]．王承绪，译．人民教育出版社 2001 年版，第 198 页．

加强信息化建设,主动提供优质民族文化信息,加强对图书文献、网络和数据库等基础设施的建设,推动科学研究信息资源的共建共享,使民众能够及时、便捷地获得自己所需要的各种民族文化信息,并建立与相关专家之间的信息沟通平台。其二,向社会开放相关的民族文化文体设施。在不影响教学的情况下,依照有偿服务或无偿服务的原则,将所拥有的体育馆、音乐厅、美术馆、博物馆、游泳馆和科技馆等民族文化文体设施尽可能地面向公众开放,使当地民众能够共享这些文体设施。其三,注重民族文化研究成果的转化和应用。学校应主动与企事业单位开展协同合作,努力将自身的民族文化研究成果转化为生产力,转化为决策咨询建议,转化为科普读物,从而全面提升自身服务社会的水平。其四,创作高水平的民族文化成果。学校应组织自己的专家学者,创作一批高水平的小说、音乐、舞蹈、动漫、画作等文化精品,让社会大众通过接触和享受高雅文化,满足他们的精神文化需求,从而提升他们的文化品位。最后,促进民族文化活动走出校外,充分挖掘其涵养身心、健身娱乐的价值。例如民族体育乐舞活动大多与宗教活动有密切联系,在发展中更多经历了从娱神、娱人到娱己的变化,非常适合民族群众健身休闲。概言之,民族体育乐舞与本民族的社会生活紧密联系在一起,涉及各民族的生产、习俗和历史,是各民族人民社会生活的缩影,是身体运动与艺术的完美结合,可以达到健身与健美的效果。如蒙古族舞蹈有揉肩、揉背和马步步伐,通过人的运动既表现了民族的强悍又展示了马的雄姿;藏族舞蹈腿部、脚部动作多,强调踢踏,铿锵有力,步伐豪迈而粗犷,充满了力量和热情;而婀娜多姿的傣族舞蹈,其基本形态是三道弯,胯、腰、肩向相反方向扭、斜、偏,舞姿抒情优美,给人以典雅秀美之感;朝鲜族舞蹈则以拧、倾的舞姿为主,给人以亭亭玉立、柔柔曼舞、端庄娴雅之美感。通过舞蹈活动,人体各器官在形态结构和机能方面都发生了变化,活动能力得到增强,对恢复体能、防止疾病和延年益寿都具有重要作用。① 这种乐舞大多运动量适中,而且能因人而异,舞蹈时间可自行控制。适宜的运动负荷和时间能达到有氧锻炼的效果。因此,如能够对民族群众喜闻乐见的民族体育乐舞内容因势利导加以发扬,对促进少数民族地区全民健身的开展具有重大意义②。

二是缓解经济新常态下社会就业困境。稳定的就业是民生之本与安国之策,与个人生存、价值和尊严等直接相关,是社会稳定与和谐的关键性因素。进入21世纪后,我国经济发展出现了"双高"现象,即经济高速发展与就业难并存。当前,在经济新常态下,我国社会的

---

①　金秋.舞蹈[M].北京:中国劳动社会保障出版社1999年版,第121—125页.
②　彭劲松.我国民族体育乐舞的多元文化特征及社会价值探析[J].北京体育大学学报,2006(08):1033—1034+1037.

就业形势依然严峻。主要原因在于各种就业矛盾相互叠加，即劳动力供求矛盾和结构性矛盾的相互叠加，失业人员再就业与新增劳动力相互叠加。此外，研究发现许多弱势群体（来自农村地区、家庭社会地位低和文化资本累积不足）的群体失业困境更多地表现为找不到更好的工作，而不是找不到工作，亦非就业数量不足，而是就业质量不高①。职业教育作为培养技能型人才和高素质劳动者的重要载体，化解人才供需矛盾是其义不容辞的责任。然而，职业教育长期在社会领域处于弱势地位，技能型人才和高素质劳动者培养难以达标，致使即使有了好的工艺设计也无人可以制造，或制造水平无法达到工艺标准，最终导致产品质量不高，缺乏竞争力，损失产品订单。通过开展多种形式、多种层次的民族文化育人工作，能够加快发展现代化、特色化的职业教育，改善职业教育长期滞后于教育领域的格局，最终帮助学生提高自身素质，增强就业能力，充分享有社会赋予的各项权益。此外，民族文化育人还可通过参与市场的方式拓展学生就业空间。即在充分考量民族文化市场的需求动态上，以及深入把握民族文化特性，在充分认识民族特色产品社会价值的基础上，加大或减少对这些民族区域传统特色产品的供给，以满足差异性需求。市场必须提供相应的民族文化产品或服务，这将在无形中为学生提供就业岗位与机会。同时加强与民族文化企业的合作，不仅能够成为企业所需人才的储备基地，合作企业也有更多的机会挑选优秀的人力资源。同时，这种模式可以帮助企业节约培养成本和时间，经过实习的学生无须长时间岗前培训就可以迅速进入工作状态。在严峻的就业形势下，这种合作模式可以帮学生快速上岗，缓解就业危机。

三是促进民族文化公平发展以维护社会和谐。"正义是社会制度的首要价值，正像真理是思想体现的首要价值一样。"②并且"作为公平的正义可以说是不受现存的需要和利益的支配的。它对社会制度的评判建立了一个阿基米德支点"③。"在全世界，各种形式的教育使命都是在人与人之间建立一种基于共同准则的社会联系，使用的教育手段就像文化和环境那样多种多样，但是无论在什么情况下，教育的主要目的都是使人作为社会的人得到充分的发展"④，"教育是实现人类平等的伟大工具，它的作用比任何其他人类发明都要大得多⑤"。只有通过公平的教育，使每个人都加强了自己的民主理想和实践，都拥有必要的生

---

① 鲍威，李炳龙.谁失业、谁就业、谁升学——2003年—2009年中国高校学生毕业后发展路径选择的观察[J].清华大学教育研究,2012,33(01):72—80.

② 约翰·罗尔斯.正义论[M]何怀宏,何包钢,廖申白,译.北京:中国社会科学出版社2009年版,第30页.

③ 约翰·罗尔斯.正义论[M]何怀宏,何包钢,廖申白,译.北京:中国社会科学出版社2009年版,第245页.

④ 联合国教科文组织.国际21世纪教育委员会报告:教育——财富蕴藏其中[M].北京:教育科学出版社1996年版,第36页.

⑤ J.S.布鲁贝克.高等教育哲学[M]王承绪等,译.杭州:浙江教育出版社1987年版,第71页.

存与发展手段,才能自觉地、积极地发挥每一个公民在民主社会中的作用,才能稳固地维系社会契约,使个人自由与社会的共同组织形式相协调。正是在这个意义上,民族文化育人与普通教育形式不一样,它以民族文化要素为教育内容,其内核是保护和发扬少数民族物质文化、精神文化、行为文化与制度文化,实质是尊重创造出民族文化的少数民族群体的文化空间,在尊重民族文化个性的同时竭力实现少数民族融入到主流文化空间中,以缩短各民族之间的差距,促进各民族关系和谐发展。特别是由于历史的原因以及少数民族地区经济、文化、教育等特殊条件的限制,一些少数民族缺乏对自身的正确认识,或过分强调民族认同而故步自封,或过分强调国家认同而被主流文化所同化。因此,开展民族文化育人尤为重要:一是通过学校教育促进当地少数民族教育的发展,为缩小地区差距,实现社会的公平和正义做出贡献;二是通过学校教育培养具有民族自信心和民族精神的人,为形成普遍的国家认同和民族认同、促进社会稳定和国家统一添砖加瓦。前者从少数民族教育的现状出发,要求少数民族地区的学校教育不断提高教育质量,尽量缩小和发达地区之间的差距;后者从培养和谐发展的人出发,要求少数民族地区的学校教育关注每个学生的身心健康和可持续发展,使他们找到自己的精神坐标,获得最适合自己的成长机会,实现最优的发展结果。二者相辅相成,缺一不可。从后者来看,少数民族地区学校教育的民族文化传承实为必需。这是因为要使少数民族地区的学生获得国家认同和民族认同,确定自己最佳的发展方向,学校有必要在传承国家主体民族文化的基础上,传承当地少数民族的文化。

第四节 民族文化育人的文化价值逻辑

在我国推进改革开放、实现现代化的过程中,伴随着市场经济带来了消费主义、物欲主义和功利思想的直接浸染,民族文化逐渐式微。"传统文化色彩在大多数地区都已很不明显,或者说,除了大跨度的空间距离造成的地区文化差别之外,相近民族之间的文化特征已不清晰[①]。"如何保持民族文化的多样性是一个亟待解决的问题。民族文化育人涵摄着民族文化与教育的作用与反作用机制,其中,教育对于民族文化的作用主要表现为三种方式:一是吸收,指教育对民族文化因素的认可、容纳并加以传播,输向受教育者。二是加工改造,即对民族传统文化进行必要的加工改造工作,使其符合本族、本地、本阶级文化发展的需要。

---

① 王希恩.论中国少数民族传统文化现状及其走向[J].民族研究,2000(06):8—16+105.

三是排斥。这里是指教育通过必要的民族文化分析，淘汰一切无用的内容，或批判反动有害的文化因素，澄清民族文化的发展方向①。由此观之，民族文化育人的文化价值逻辑昭然若揭，即澄明、传承和创新民族文化。

第一，民族文化育人是澄明民族文化的"筛子"。文化是一个民族独有的，对维持民族的稳定、发展、繁荣乃至改变其未来发展方向起着内生性的作用，对外来因素进入有着天然的免疫力，由此形成一种"气球效应"。这种效应，一方面强化其内部文化运行方式、内部文化生活和文化秩序，使得既有的文化模式得以稳固，以保证其传统民族文化的延续性；另一方面，对新的文化有一定的阻抗，又将影响其与当代主流文化的同步，甚至有可能被新时代边缘化或抛弃，处于"游离"状态，若长期得不到改变，这或许就是一个民族走向衰亡的拐点。并且，任何一种民族文化都是多重文化因素的集合体，当中存在着先进与落后文化、积极健康与落后腐朽文化之别，并不是所有的民族文化对社会的发展都具有无条件的积极与肯定意义。因"在一切意识形态领域内传统都是一种巨大的保守力量②，如若不加以扬弃，糟粕文化一旦在人们心理上积淀形成一种相对稳定的心理结构，将会危及该民族群体的生存，阻碍民族的历史发展"。民族文化育人好比"筛子"。具体来说，教育并不是简单地复制民族文化，而是有选择地进行传承。学校教育是有目的、有计划、有系统地培养人的过程，对民族文化的选择包括了对民族文化的挑选、糅合、加工整理等过程，选择民族文化贯穿于教育全过程的每一种活动中；社区教育和家庭教育的目的性、计划性和系统性虽不如学校教育，但也具有一定的选择性，以适应时代和环境的变化。

第二，民族文化育人是传承民族文化的渠道。文化传承是"指文化在民族共同体内的社会成员中做接力棒似的纵向交接的过程"③，职业教育是国民教育的重要组成部分，是民族文化传承的重要载体。一方面，教育促进民族文化的语言、行为以及器物传承等实现民族文化的心理传承。④ 其中，语言传承指教师在课上采用双语教学，在课后使用民族语言和学生交流，教师编写的校本教材中部分使用民族文字等。行为和器物传承则通过将民族艺术如音乐、舞蹈、戏曲以及美术品等嵌入教育之中，系统设置显性和隐性课程，拓展课堂教学进行渗透式传承，学生逐渐形成相应的民族文化心理结构，将民族文化的语言、知识、经验、情感等围绕价值观念有机结合在一起。另一方面，教育可以促进民族文化的保存和积淀。首先，

① 冯增俊.教育人类学教程[M].北京:人民教育出版社 2005 年版,第 211 页.

② 马克思,恩格斯.马克思恩格斯选集(第 4 卷)[M].人民出版社 1995 年版,第 257 页.

③ 赵世林.云南少数民族文化传承论纲[M].昆明:云南民族出版社 2002 年版,第 17 页.

④ 曹能秀,王凌.论民族文化传承与教育的关系[J].云南民族大学学报(哲学社会科学版),2009,26(05):137—141.

维持民族文化的生存。教育有三大基本组成要素:教育者、教育内容和受教育者。在民族文化的传承过程中,文化主体——教育者和受教育者通过教育活动传递和承接着民族文化,以保持民族文化的生存和发展。在教育活动中传递的民族文化传统中的价值规范、思想观念等,是民族之所以成为该民族的基本内核。它在使后人对前人所创造的社会文化具有高度适应性的同时,也维持民族文化的生存,保障了民族文化的延续和相对稳定。因此,教育对民族文化的传承尽管有所选择,但可以促进民族文化的保存,维持民族文化的生存。其次,促进民族文化的积淀。"文化的积淀是文化积累和传播的结果。教育对文化的经久保存和传播,直接导致了一个民族文化的凝聚和积淀,形成了一种文化的基本内核。"在教育的发展过程中,教育对民族文化的传承也经历了"口耳相传""文字与学校"和"信息科技"的发展过程①,从而使民族文化逐渐凝聚和积淀,并形成民族文化传统。由此可见,教育通过教育者的传递和受教育者的承接促进民族文化的积淀和文化传统的形成;在民族文化的积淀和文化传统的形成过程中,教育具有重要的作用。

第三,民族文化育人是创新民族文化的"利器"。由于文化是生成的,随着人类实践活动以及在人的实践活动基础上生成的社会历史条件的变化而变化。一般而言,文化的发展存在着自发性与自觉性两种不同的状态,但是自发状态下的文化仅依靠社会实践的推动,发展缓慢。而后者得力于具有文化自觉意识和创新精神的民族,使得民族文化的发展如同奔流的江河,一浪高过一浪。因而,文化的发展并不是一个简单的累积与堆叠的过程,而是一个需要不断创新的过程。在文化发展的问题上,人们既需要对自己民族的文化表示出应有的珍爱与尊重,反对一切形式的历史与文化的虚无主义,但相对于文化的继承而言,更须强调的是文化的创新,文化创新是民族文化香火不断的条件,是文化奔流不息的源头活水,在对待民族文化的问题上,文化虚无主义是错误的,文化恋旧主义与保守主义同样是错误的,民族文化的生命力在于文化的创新力,文化之命,命在维新,尤其是对于那些在人类历史上曾经出现过文化高峰、形成了伟大文化传统、做出过值得骄傲与自豪的文化成就的国家和民族来说,历史地、辩证地看待自己的文化,强调文化创新的作用,提高创新意识的自觉,树立创新的精神具有更为重要的意义。

因为民族文化的创新总是要通过人来实施,也是在人身上得到实现的,学校教育的目的性、组织性和计划性,决定了它在培养具有民族文化创新意识主体方面发挥着其他形式所无法比拟的作用,"我们不可能在学校教育之外找到一条更有效、更现实又可培养出数量众多

---

① 冯增俊.教育人类学教程[M].北京:人民教育出版社 2005 年版,第 210 页.

的民族文化创新人才的途径和方法"①"。而民族文化育人正是学校文化创新功能最淋漓尽致的表达，具体表现在以下几点：首先，组建民族文化研究人才队伍。按照政治过硬、业务精深和作风正派的基本要求，培育和造就一批学贯中西的创新型学术带头人，培养一批锐意进取的中青年拔尖人才，从而将这支队伍打造成为一个能够引领当地文化创新，乃至在国家与国际层面有重大影响的文化创新团队。其次，建设民族文化研究基地。学校按照立足创新、提高质量、增强能力、服务国家和地方的总体要求，结合自身的实际，通过部部共建、部省共建、省校共建等形式，积极构建特色鲜明、优势突出、结构合理、协调发展的民族文化研究基地。再次，构建民族文化学科和专业，强化精品力作的生产。学科建设是学校的核心工作，是学校科研工作的重点。学校应从专业方向、学科特点、学术梯队、科研项目和科研成果等方面入手，加强人文学科建设，并以精品力作生产为抓手，统筹开展基础理论研究与应用对策研究，重点支持跨学科研究、综合研究和战略预测研究，力争创造具有中国气派的学术精品。最后，培育创造性文化人才。通过创新人才培养的模式，积极培育善于开拓文化新领域的拔尖创新人才、掌握现代传媒技术的专门人才、懂经营善管理的复合型人才和国际化人才等，并通过他们发挥学校的文化创新功能。

第五节　民族文化育人的教育价值逻辑

民族文化育人作为教育内容的衍伸部分，其教育价值逻辑体现在从参与民族文化教育主体等需要出发来塑造、审视和衡量对应的价值客体，动态调整其属性和功能以符合民族文化教育主体需要的价值。这种价值的立足点是从教育的教育性出发，注重反映教育活动及其相关要素对教育主体自身的价值，具体表现为校本价值与人本价值。

第一，丰富学校教育内容，实现特色化发展。学校的核心竞争力是指一所学校长期形成的能使其在竞争中保持可持续发展，建立在学校战略性资源基础之上的获取、创造、整合资源的特有能力，包括学科结构、师资水平、科学研究、教育资源、大学文化等要素。因为职业学校办学起点相对较低，长期处于弱势地位，为能望普通教育之项背，必须深入解决"怎样才能提高质量、怎样才能办出特色"的问题。质量是职业教育的生命线，然而职业教育的学习与科研氛围较为稀薄、办学条件和学科建设亦相对薄弱、生源较差、师资队伍整体素质不高，

① 　杨建忠.论民族地方高校的民族文化传承创新价值与方式[J].黑龙江高教研究,2012,30(10):69—72.

这些不利因素严重制约着办学质量的提高。但因学校文化是学校存在的揭橥、本质的反映、传统的体现、特色的折射，故职业学校能够充分利用民族文化资源，将其引进学校形成专业体系，从而逐步提高学校的整体形象和品位。这是因为民族文化与学校专业教学的融合能够逐步唤醒民族文化内在生命力，驱使民族文化升维至广义的学校空间领域，最终促成学校空间的重构。一是由"物化"空间转向"意义生成"空间：民族文化的有机嵌入改变了学校原先单纯的物质世界，而成为有意义的载体。二是由"封闭空间"转向"开放化"空间：因为民族文化与专业二者的互嵌发展需要学校内部各要素之间、内部要素与外部系统各要素之间的流动与互动，从而打破学校内部各系统以及与外部系统之间的壁垒。三是由功能"单一化"空间转向"多样化"空间。学校由原先的教学机构拓展成为集民族文化教学、研究、传承于一体的"空间"，不仅是民族文化各种活动的举办场所，更是民族文化保护、宣传、传承和创新中心。一言以蔽之，民族文化的有机注入能够推动学校的品牌化、特色化发展。

第二，辐射带动边缘教育的发展，助力教育强国。随着民族文化育人的深层次持续推进，除了形成自身办学特色、提升学校对青年学子的吸引力、实现学校的整体稳定健康发展，还有助于增强学校的竞争力和影响力，通过民族文化育人建设优质学校这一方案可以为其他学校提供发展的目标和方向，从而引领我国各级各类学校进一步挖掘区域内民族文化的优势和潜力，紧扣发展大局和需要，不断深化办学和教育教学改革，有效加快民族文化人力资本的积累，促进我国经济和社会的发展。如：国家相关部门在全国范围内公开遴选一批民族文化育人成效显著的学校作为样板和"领头羊"，按照"由内而外，从点到面"的区域格局和文化内容定期对帮扶学校开展民族文化育人模式的交流和培训，最终缩短区域内外、各级各类教育的发展差距，为人们接受优质教育提供了更多的选择，在一定程度上满足了广大人民对优质教育资源的需要。

第三，提升学生个体综合素养，实现全面发展。"我们要造就的是既有文化又掌握专门知识的人才，专业知识为他们奠定起步的基础，而文化则像哲学和艺术一样将他们引向深奥高远之境。"①具体来说，文化通过以下三个途径影响个体的发展：一是文化作用于人的思维方式。正如环境、气候、水土决定人的生理结构与民族性格一样，民族文化对于人的思维方式具有重要影响。通过文化创新让人们从传统思维向现代意识转型，不同的群体，在不同的文化下，人们的思维方式是有差别的。由于文化的影响，不同民族成员的思维方式不同，反映在社会活动中就会有不同的结果。所以，思维方式的不同，必然带来行为方式的差异，结

---

① 怀海特.教育的目的[M].徐汝舟，译.北京：生活·读书·新知三联书店 2002 年版，第 1 页.

果也就大不相同。二是文化作用于人的行为方式。文化在某种意义上是全体成员的行为规则，是一种刚性的制度，在这种文化浸染下的人们，其行为方式必然打上很深的文化烙印。由此我们可以推理，一种文化对个体的行为是强干扰的，既有推进的作用，也有阻碍的作用。三是文化作用于人的选择方式。我们要利用文化的制度优势引导人们的行为选择，选择最优的发展路径，实现最大限度的成长。因此，学校不仅要传授科学知识，还应该重视加强人文教育，提升学生的综合素质。孔子所谓"君子不器"，就指出教育不是把人培养成具有某种用处的工具，而应该培养人格健全的真正意义上的人。人的价值含义为"自由、创造和全面发展"[1]，特别是对于职业教育而言，长期过于突出技能教育，而忽视了精神的涵养和价值观的培育。优秀民族文化蕴含着追求民主、平等和公正，崇尚自我、自律，重视道德等内容。有风俗约束作用的人文精神，有助于涵养学生公正、平等、热爱真理、崇尚民主和人性化以及对全人类关怀的人文理念，这是学生道德修养的重要基础和支撑。不但能够帮助学生涵养君子人格，学会为人处世的方法，形成崇德向善、敬业乐群、坚持不懈、尊老爱亲等道德情感和行为美德，而且能够使学生淡泊名利、志存高远、脚踏实地。

第四，优化德育生态环境，促进学生有意义行为的发生。前文所述人文教育仅是民族文化育人一种普遍浅层的表达，即"掺杂民族文化的思想政治教育"。但是"就单个人来说，他的行动的一切动力，都一定要通过他的头脑，一定要转变为他的意志动机，才能使他行动起来[2]"。民族文化育人使得将优秀的素养内化为个体的意志动机并使其行动起来成为可能。具体言之，民族文化育人蔓延至对民族文化进行新认识与新组合，使有形的和无形的、过去的和现在的、当下的和将来的一切要素进行重构，帮助学生个体从对民族文化的"凝视"中跳脱出来，亲密接触民族文化，并与之"互动"，进而对文化资源进行"深刻解读—研究学习—创新探索"的不断迭代，逐渐唤起个体的文化自觉，最终实现"具体文化资本"向个体"内涵文化资本"的转移。通过此种民族文化育人模式，学生由先前的被动接纳者、观察者变为参与者，学校充分利用自身的教育功能向学生显现、传授民族文化。在学生对民族文化进行重构、整理和内化的过程中，使得民族文化发生性质、功能等方面的变化，衍生出新的文化要素，从而激发民族文化内生力，并与行为主体心理结构进行同化互动，影响主体的行为表达。具体而言，基于学校的地域特点，充分挖掘当地的乡土文化、民族文化的育人价值，并将这些文化要素有机融入学校德育体系，保证学校德育环境的柔性。例如，可将苗绣、剪纸、根雕等民族工艺制作课程作为特色要素以选修课的方式融入到学校课程体系之中，在提升学生的

---

① 黄兢.论高等教育评价的教育与社会价值[J].求索,2013(06):222—224.
② 马克思,恩格斯.马克思恩格斯选集(第4卷)[M].北京:人民出版社2012年版,第258页.

审美素养的同时,培育学生的专注力与耐力。

最后,提升学生就业技能,拓展纵向流动的空间。各国社会的纵向流动趋势表明:"人力资本和文化资本正取代经济资本成为发达工业社会最重要的分层力量①。"个体受教育的程度,决定了个体拥有人力资本和文化资本的多少。在当今,教育依然是中国社会纵向流动的主要渠道,这一点对于贫困地区的少数民族学生而言尤为重要。以民族文化育人,不仅能够保证每个孩子在教育这条起跑线上拥有机会,还能提升民族文化资本,而这将有效提升学生的就业能力。这是因为随经济发展而不断扩大的市场范围,不仅表现于商品交易中,还表现在文化的融合过程中,导致原本的市场主流人群开始因新文化因素的融入而改变自身最初的价值观,即开始出现需求数量的扩张和需求种类的增加。这在我国西部少数民族聚集区表现得尤为明显,他们不仅对物质生活提出了更高的要求,即增加对新兴产品的使用,还希望通过当代科技产品改良自身的传统产品或在自身的传统文化中增加现代元素。也正是基于新文化因素的融入,对于我国经济的增长路径也开始了全新的探索,即在实现民族性的更大范围的推广过程中、在持续的交流中实现民族文化的动态传承,并扩大少数民族劳动力的就业范围。而对于每个个体劳动者而言,无论是在高新技术行业还是传统行业就业,只要能获取相应的工作岗位,就可以带来经济收入,从而产生社会纵向流动的可能。那么,如何能在最短的时间内实现这一目标?这就需要对区域的文化优势有充分的认识,明确自身的人力资源优势所在,进而在力所能及的范围内找到现代市场中的自身价值实现空间。基于此,民族文化多元性的维护与民族就业能力的提升间就存在着一定的关联性②,但是能否将这种关联变为"百分之百"确定还依赖于特定的民族文化教育。也就是说,通过民族文化育人普及面的扩大和有针对性的技能培训而进一步提升少数民族人力资本的质量,确保少数民族学生真正享受到经济发展的成果。从当前我国经济发展现状来看,劳动力市场的主体部分仍然以工业化、城市化为基本特征,这就意味着少数民族在就业能力提升中同其他地区的劳动者一样需要首先具备与当前市场需求相匹配的一般知识积累,而这一问题的解决将更多地依赖于基础性教育的普及。此外,少数民族区域还具有特殊的历史文化背景,这就意味着其人力资本存量的有效增加还需要融入地方知识,即在充分认识自我优势的基础上通过专门的培训而实现对优势资源的充分利用,同时在充分认识民族特色产品社会价值的基础上,加大对民族区域传统特色产品的研发和供给,这不仅能确保少数民族地方性知识的有效传播、传承,还可以有效拓宽民族文化人才就业的渠道。

---

① 戴维·格伦斯基.社会分层[M].北京:华夏出版社 2005 年版,第 10 页.
② 甘涛.民族文化、民族人力资本特性与民族就业能力的关系探讨——以西部少数民族地区为例[J].贵州民族研究,2016,37(05):61—64.

第二章 >> 民族文化育人的理论基础

众所周知，理论是指导实践的基础，任何一项研究都离不开科学理论的指导，就如同船在大海里航行需要指南针一样；每一项研究也因为有了理论的支撑而丰富。近几年，彭水职教中心在办学过程中，在书斋中做田野、在育人中做田野、在实践中做田野、在改革发展中做田野。立足县域历史文化与发展规划，深入民族地区开展深入调查，依托丰厚的文化积淀，挖掘历史文化、民族民间文化中蕴藏的内涵与精神。坚持运用科学的理论指导实践，不断探索，开拓创新，在文化空间、文化资本、文化嵌入、文化共生、文化认同等理论的指导下，将文化内涵与职教发展相结合，探索出一条民族文化育人新路，在重庆市渝东南、武陵山区成为一颗璀璨的明珠、一朵职教奇葩。

第一节 民族文化育人的文化空间理论

文化空间理论的源流可以追溯到地理学、人类学中有关"空间"的理论。长时间以来，"空间"都被视作单纯的几何、地理概念，直到20世纪，法国新马克思主义代表人物、都市理论研究专家亨利·列斐伏尔（Henri Lefebvre）等人提出了以"（社会）空间是（社会）生产"为核心的"空间"理论，他认为"空间是一种（社会）产品"，每个社会和每一种生产模式都会"生产"出自己的空间。① 他认为"空间的概念与精神的、文化的、社会的、历史的空间联在一起"。② 他认为"空间是通过人类主体的有意识活动而产生"，源自人的实践，是一种物质的存在方式，文化空间必须通过时间得以纵向延续和发展。③ 列斐伏尔在其著作《The Production of Space》中提出了空间的类型包括"文化空

---

① Lefebvre H. The Production of Space [M]. Oxford: Blackwell, 1991. 26; 38.
② 张一兵. 社会批判理论纪事 [A]. //: 列斐伏尔. 空间的生产（第四版）[C]. 北京: 中央编译出版社, 2006. 176.
③ 侯兵，黄震方. 文化旅游的空间形态研究 [J]. 旅游学刊, 2011 (3): 70—77.

间"的论断。其中，文化空间指的是具有文化意义和性质的实体空间场所①。

文化空间作为一个独立术语，首先出现在联合国教科文组织颁布的《人类口头及非物质文化遗产代表作宣言》中。作为非物质文化遗产的一种类型，文化空间指"具有特殊价值的非物质文化遗产的集中表现。它是一个集中举行流行和传统文化活动的场所，也可定义为一段通常定期举行特定活动的时间。这一时间和自然空间是因空间中传统文化表现形式的存在而存在"②。

1998年，联合国教科文组织颁布的《宣布人类口头和非物质遗产代表作条例》中，明确将人类口头和非物质文化遗产划分为两大类，一是各种"民间传统文化表现形式"，包括语言、文学、音乐、舞蹈、游戏、神话、礼仪、习惯、手工艺、建筑术及其他艺术、传统形式的传播和信息等民间传统文化表现形式。二是文化空间。在该条例中，"文化空间"被指定为非物质文化遗产的重要形态。③ 2003年，联合国教科文组织第32届会议正式通过《保护非物质文化遗产公约》。该公约关于"非物质文化遗产"的定义概括为以下五个方面："非物质文化遗产指被各社区、群体，有时为个人，视为其文化遗产组成部分的各种社会实践、观念表述、表现形式、知识技能及相关的工具、实物、手工艺和文化场所。"④ 2005年，我国国务院办公厅《关于加强我国非物质文化遗产保护工作的意见》之附件《国家级非物质文化遗产代表作申报评定暂行办法》第3条关于非物质文化遗产分类界定中明确列举了除联合国公约中五大类外的第六类，即"与上述表现形式相关的文化空间"，把"文化空间"作为非物质文化遗产的一个基本类别，并定义为"定期举行传统文化活动或集中展现传统文化表现形式的场所，兼具空间性和时间性"。⑤ 可见，这里的文化空间不是一般地理学意义上的概念，而是兼具时间性、空间性和文化性。我国各民族的传统节庆活动、庙会、歌会、集市等，都是典型的具有民族特色的文化空间。文化空间作

---

① Lefebvre H. The Production of Space [M]. Oxford：Blackwell, 1991. 26；38.

② 朴松爱，樊友猛. 文化空间理论与大遗址旅游资源保护与开发——以曲阜片区大遗址为例 [J]. 旅游学刊，2012. 04. 06.

③ 《宣布人类口头和非物质遗产代表作条例》联合国教科文组织（1998）http：//www. ihchina. cn/zhengce_details/15719

④ 《保护非物质文化遗产公约》联合国教科文组织第32届会议，2003年10月17日。https：//www. douban. com/group/topic/1147017/

⑤ 中国政府网. 国务院办公厅关于加强我国非物质文化遗产保护工作的意见（国发〔2005〕18号）[EB/OL].〔2014-11-03〕http：//www. gov. cn/zwgk/2005-08/15/content_ 21681. htm

为非物质文化遗产之一种，具有类型学的意义。①②

彭水职教中心 2013 年开始将民族民间文化引进校园，尤其以苗族非物质文化遗产为典型，逐步开展传承教育工作。学校根据彭水打造"具有民族特色的旅游中等城市"的战略部署，结合具有国际影响力的"一节一赛"③ 系列活动，我校深入开展"苗族的节日"节赛活动，实施民族传统节日校园振兴工程，丰富苗年、女儿节、龙华会、社公会等传统节日文化内涵，形成适合校园开展的民族体育活动节、踩花山节、民族作品展示节、艺术活动周等节日，实现特色活动节日化。

一、民族文化育人的时间属性

2005 年我国国务院办公厅《关于加强我国非物质文化遗产保护工作的意见》之附件《国家级非物质文化遗产代表作申报评定暂行办法》第 3 条关于非物质文化遗产分类界定中明确指出，"定期举行传统文化活动或集中展现传统文化表现形式的场所，兼具空间性和时间性"。④ 由此可见，文化空间是具有时间属性的。不难理解，在我国众多文化里，都具有时间性，比如广为人知的由劳动人民创造的二十四节气歌，过去劳动人民严格按照时节从事农事劳作，什么时候播种、什么时候施肥和除草、什么时候收割都有时间节点；再如国家传统节日（元宵节——正月十五、清明节——5 月 5 日、端午节——五月初五、中元节——七月十五、中秋节——八月十五、重阳节——九月初九）都具有特定的时间，每每时间来临，人们总是按照特定的文化习俗，约定俗成地过节。彭水职教中心自把民族民间传统文化引进校园，传承和弘扬非物质文化遗产，开展特色化办学，逐步形成了属于自己的节日。每年农历四月初八，学校与蚩尤九黎城景区合作，在蚩尤九黎城举办蚩尤祭典祭祀活动暨踩花山节，学校提前组织学生学习祭祀舞蹈，让学生作为参演人员参与到祭祀活动中去，并开展民族舞蹈竞赛及民歌合唱会等活动。每到十月苗年之际，全校师生开展民族体育项目展示活动。借助素质课程和拓展活动课程，发展传统体育，抢救濒危传统体育项目；创编民族健身操，推广成为大课间活动；将苗龙、射弩和竹铃球引入体育课堂中，成为常规体育教学项目。每年十一月龙华会，学校组织全体师生开展为期两天的民族

---

① 中国政府网. 国务院办公厅关于加强我国非物质文化遗产保护工作的意见（国发〔2005〕18 号）〔EB/OL〕.〔2014-11-03〕http：//www. gov. cn/zwgk/2005-08/15/content_ 21681. htm

② 白云驹. 论文化空间〔J〕. 中央民族大学学报（哲学社会科学版），2008，（3）：81—88.

③ 一赛一节：是指水上运动比赛和踩花山节。

④ 中国政府网. 国务院办公厅关于加强我国非物质文化遗产保护工作的意见（国发〔2005〕18 号）〔EB/OL〕.〔2014-11-03〕http：//www. gov. cn/zwgk/2005-08/15/content_ 21681. htm

文化展示节活动。师生可以自主选择创作剪纸、蜡染、刺绣等民族工艺品参加展示。在展示活动中，学生的作品即是商品，可标价出售。每年十二月社公会，全校举办"民歌合唱节"。每班自选一首民族歌曲和特定一首苗族歌曲参加比赛，并表彰优秀班级。由此可见，无论是四月的蚩尤祭典暨踩花山节，还是十月的民族体育节、十一月的民族文化展示节、十二月的民歌合唱节等，都可以看出民族民间文化，非遗文化在彭水职教中心民族文化育人路径探索中充分体现了文化空间理论中的时间属性。

二、民族文化育人的空间属性

任何一个文化事项都不是凭空产生的，都依赖特定的时间、特定的人物、特定的场域得以彰显。而"场域"是布迪厄尤为重要的一个理论著述。根据文化空间理论的阐释，"文化空间"也称为"文化场所"（Culture Place），是联合国教科文组织在保护非物质文化遗产时使用的一个专有名词，主要用来指人类口头和非物质文化遗产代表作的形态和样式。由于文化空间是非物质文化遗产中的用语，文化空间的释义必须以非物质文化遗产为基础。这里的空间性和狭义的场域不谋而合，是指举行传统文化活动或集中展现传统文化表现形式的场所。学校把民族民间文化引进校园，保护传承苗家非物质文化遗产，建立蜡染、刺绣、剪纸、银饰、射弩等非遗传习室、大师工作室。在传习室内开展非遗教学、技艺传习工作；建立文创产品研发设计工作室，开发新文创产品，创新弘扬民族文化、非遗文化；组建科研团队，建立文化发展研究工作室，深度研究民族民间文化、非遗文化。学校每年与重庆九黎控股有限公司合作，在蚩尤九黎城举办苗族始祖蚩尤祭祀大典和踩花山节，九黎城是一个以苗族文化为核心的文化旅游目的地，苗族始祖、苗家建筑、苗家服饰、苗家工艺、苗家风味等汇聚，文化空间广，氛围浓。再如每年在学校民族体育运动场举办的民族体育运动节，传统的民族体育运动竹铃球、苗族健身操在这块空间里进行传习；而每年举办的民族歌舞大赛在这块空间里得以传唱表演；再如我们的民族手工技艺每年能在这块空间内得到展示。这些民族民间文化、非遗文化在校内文化空间里得以传习，不仅如此，学校致力于将这些文化放到校外文化空间进行推广、宣扬。诸如县内风景区、文化广场；市内外民族文化类比赛（民运会、技能大赛）、展示会（非遗展、渝洽会、渝交会）、文化交流活动等。由此可见，民族文化、非遗文化在彭水职教中心民族文化育人路径探索中不仅具有时间属性，还具有空间属性，二者很多时候相辅相成、融会交织。

三、民族文化育人的文化属性

文化空间不仅具有时间属性、空间属性，还具有文化属性。如果一个空间内、一个场域内没有任何文化事项，没有经过人类活动，那这个空间就只是纯粹的自然空间，不具备文化特性。而彭水职教中心自 2013 年以来，将民族民间文化引进校园，开展非遗传习教育工作，聘请民间大师、传承人进校任教，开发教学资源，学校从建社团到示范班再到开设专业，逐步走向成熟。在传习民族文化、非遗文化过程中，探索环境育人、活动育人、文化育人等多种路径，兼具浓郁的民族文化色彩，具有浓厚的文化特性。在非遗手工技艺传习中，广大师生对苗家刺绣文化、蜡染文化、苗族银饰、苗家剪纸有了深刻的认识，理解每一道工艺下的文化内涵，领悟民族的精神气质。在传习传统民族体育、民族歌舞过程中，师生们通过对传统体育竞技、民族歌曲、民族舞蹈的学习，领悟到苗族人民的生活生计、性格特征、生活观、人生观、世界观，更是激发广大师生思考在多元文化交流、冲击下传统文化的归宿和出路。苗族历史、苗族歌舞、苗族语言、苗家菜系、苗族体育竞技、苗族手工技艺、苗族民俗文化、宗教信仰等，这些无不体现了在民族文化育人过程中，苗族的物质文化、精神文化、制度文化在彭水职教中心这个文化空间里得以彰显、传扬。

文化空间理论的时间性、空间性和文化属性，三者通常相辅相成，兼容并包。"文化空间"是民族文化事象存续发展的"母体"空间、"土壤"空间和"根基"空间，透过"文化空间"表现出了文化事象的活态化、生命化、运动化和可视化，以及文化要素的整体性呈现。因此，基于彭水苗族土家族自治县优秀民族民间文化事象保护而言，无论从本质上还是从方法上都要求保护文化事象所在或所属的"文化空间"，保护好了"文化空间"就保护好了当地的文化事象。[①]

近几年，彭水县提出"旅游兴县、文化富县"的战略部署，大力发展文旅产业，深度挖掘、精心保护、大力弘扬当地的历史文化、民族民间文化、非遗文化、流放文化、盐丹文化，重构和修护当地的文化空间，让当地的文化事象得以长足、健康、可持续发展。彭水职教中心作为彭水县内唯一的中职学校，扎根县域文化，立足特色办学，着力人才培养，服务地方发展。学校自觉承担传承和弘扬优秀民族民间文化的使命，成立民族文化发展研究中心，深入民族地区开展田野调查，将优秀民族民间文化引进校园，开设民族工艺品制作专业，开发地方精品文化资源，与当地政府、企业、行业、学校、文化单位、研究机构、民族民间大师、艺人等社会力量一道，携手共建共守县域文化空间，让县域文化事象长足永续、可持续发展。

---

① 张世威. 基于文化空间理论的民族传统体育保护研究——来自土家摆手舞的田野释义与演证 [J]. 北京体育大学学报，2015.08.

第二节 民族文化育人的文化资本理论

提到文化资本理论，就不得不回顾法国著名社会学大师布迪厄（Pierre Bourdieu）的学术思想。布迪厄的学术理论极其复杂，而文化资本理论是其社会学思想的重要内容。布迪厄将场域（field）作为他进行社会学研究的基本单位，他以资本（capital）为工具将对场域的分析扩大到整个社会。场域内存在力量和竞争，而决定竞争的逻辑就是资本的逻辑，资本不仅是场域活动竞争的目标，同时又是用以竞争的手段。场域中的游戏就是以资本争夺资本的过程，布迪厄的资本概念不同于经济学家所用的资本概念，在他看来，资本是积累起来的劳动（以物化的形式或具体化的、肉身化的形式），这种劳动可以作为社会资源在排他的基础上被行动者或群体所占有[1][2][3]。布迪厄把资本分成三种基本类型：经济资本（economic capital）、社会资本（social capital）、文化资本（cultural capital）[4][5]。特纳将他的文化资本定义为那些非正式的人际交往技巧、习惯、态度、语言风格、教育素质、品位与生活方式。[6]

布迪厄认为，当代社会，文化已渗透到社会的所有领域，并取代政治和经济等传统因素跃居社会生活的首位。也就是说，现代政治已无法仅凭政治手段解决问题，而现代经济也无法只依靠自身的力量而活跃。假如没有文化的大规模介入，那么，无论是政治还是经济都是缺乏活力的。布迪厄指出，文化资本可以有三种存在形式：1. 身体的状态，以精神和身体的持久性情的形式；2. 客观的状态，以文化商品的形式（图片、书籍、词典、工具、机器等），这些商品是理论留下的痕迹或理论的具体显现，或是对这些理论、问题的批判等；3. 体制的状态，以一种客观化的形式，这一形式必须被区别对待，因为这种

---

① 李全生. 布迪厄的文化资本理论 [J]. 东方论坛，2003（1）：8—12.
② 陈锋. 文化资本导论 [D]. 北京：中共中央党校，2005.
③ 皮埃尔·布尔迪厄. 文化资本与社会炼金术 [M]. 包亚明，译. 上海：上海人民出版社，1997.
④ 徐望. 文化资本理论探源与国内外研究综述 [J]. 重庆文理学院学报（社会科学版），2019. 01.
⑤ 李全生. 布迪厄的文化资本理论 [J]. 东方论坛，2003（1）：8—12.
⑥ 乔纳森·特纳. 社会学理论的结构 [M]. 北京：华夏出版社，2001.

形式赋予文化资本一种完全原始性的资产，而文化资本正是受到了这笔财产的庇护。①②③④⑤

一、民族文化育人的身体形态

文化资本的第一大形态是身体形态。身体形态文化资本通常指通过家庭环境及学校教育获得并成为精神与身体一部分的知识、教养、技能、品位及感性等文化产物。⑥⑦ 身体形态文化资本的积累不仅十分漫长，极费时间和精力，而且它最终也只能体现于特定的个体身上。它"是无法通过馈赠、买卖和交换的方式进行当下传承的"。⑧ 彭水职教中心在探索民族文化育人路径中，最能直接体现文化能力的首先要数学校聘请的非遗大师、传承人，他们掌握的文化能力是一种内在化的文化资本，是一个人的固定财富，不仅仅是简单拥有，更是内记于心、外化于行，表现为精神和身体的持久性情的形式。他们或掌握着蜡染技艺，或掌握着刺绣技艺，或掌握着银饰锻造技艺，他们本身就已成为这种文化技艺的象征、代表。这种文化能力已经嵌入这些传承人身体里，不可分割。我们在进行民族文化育人过程中，特别是非遗文化传习中，特别要注意对这类人群的保护，他们是某种文化技艺的载体，不易获得，且逐渐逝去，数量减少，更何况要想习得某种文化能力、文化技艺，需要花大量的时间。如果没有一定的文化积淀和长时间修炼无法与之融为一体，都只会是皮毛，流于表面。所以学校在探索民族文化育人过程中，不仅要保护好这些掌握了某种文化能力、文化技艺的大师和传承人，在培养新时代传承人时，也要注意对其文化知识和修养的培养，同时不应流于表面短暂的粗浅的传习，更应做到内涵式深层次持久性的培养，真正培养出掌握某种文化能力、文化技艺的大师、传承人。

二、民族文化育人的客观形态

文化资本的第二大形态是客观形态，即物化状态。具体地说，就是书籍、绘画、古

① 徐望. 文化资本理论探源与国内外研究综述 [J]. 重庆文理学院学报（社会科学版），2019. 01. 28.

② 皮埃尔·布尔迪厄. 文化资本与社会炼金术 [M]. 包亚明，译. 上海：上海人民出版社，1997：P192—193.

③ 滕国宁，李珍连. 布迪厄文化资本理论之我见 [J]. 中外企业家，2011. 11. 20.

④ 闫西安. 布迪厄文化资本理论及其实践价值研究 [D]. 东北师范大学，2006. 05.

⑤ 朱晓华，韩顺法. 非物质文化遗产的文化资本属性及发展新范式 [J]. 河南教育学院学报（哲学社会科学版），2018. 11.

⑥ 朱伟珏. 文化资本与人力资本——布迪厄文化资本理论的经济学意义 [J]. 天津社会科学. 2007（3）：P84—89.

⑦ 武建阁. 师幼互动中教师教育行为偏差研究 [D]. 中央民族大学，2013：P16—17.

⑧ 李全生. 布迪厄的文化资本理论 [J]. 东方论坛，2003（1）：P8—12.

董、道具、工具及机械等物质性文化财富①。显然，这是一种物化形态的文化资本，是可以直接传递的。不过，客观形态的文化资本并不是一种与身体化过程毫不相关的完全"物化"资本。人们通常以为只要有足够的金钱就可以立刻得到它们。但事实上，任何事物要想作为一种文化资本发挥固有作用的话，它必然或多或少地具备一些身体化形态文化资本的特征。以古董收藏为例，我们知道一名真正的古董收藏家除了拥有雄厚的经济实力之外，还必须同时具备丰富的收藏知识和较高的文化素养。通过文化资本所能获得的利润"是与他（行动者）所掌握的客观形态资本以及身体形态资本的多少成正比的"。②③ 彭水职教中心把优秀民族民间文化引进校园，开展民族文化，尤其是非遗文化的传承教育，不断探索民族文化育人路径。非遗传承人、技艺大师是掌握某种技艺的、具有某种文化能力的人，学校将其聘请入校，传道授业。这些大师、传承人不仅在学校承担传教工作，将自己毕生技艺传授给学子，尽可能将其培养成该项技艺的新时代传承者，创作出不失经典又符合时代需求的文化作品、产品；同时，这些大师、传承人除了授课，还可以制作非遗作品、产品。这些非遗文化作品、产品通过线上线下多维立体的展销方式，展现在公众视野，或展或销。经过几年努力，师生们共同创造出不少优秀文化作品，诸如剪纸、蜡染、刺绣等作品传到他者；不少作品登入学校文化展馆，同时也出版如《苗家刺绣》《幼儿剪纸》等文化技艺类书籍，这些大师、传承人正在积极和学校其他老师合作，编撰诸如《苗家蜡染》《苗家工艺标准》等书籍。每年这些大师和学生一起创作出刺绣、蜡染等民族服饰……无论是这些蜡染、刺绣、剪纸、银饰的作品、产品，还是民族文化类书籍，还是民族服装的制作、民族菜肴的烹调、制作工具及机械等都是属于物质性的文化财富，是文化资本的物化形态。

三、民族文化育人的制度形态

文化资本的第三大形态是制度形态。制度形态文化资本就是将行动者掌握的知识与技能以考试等方式予以承认并通过授予合格者文凭和资格认定证书等方式将其制度化。这是一种将个人层面的身体形态文化资本转换成集体层面客观形态文化资本的方式。从这一意义上讲，制度形态文化资本是一种介于身体形态文化资本与客观形态文化资本之间的中间

---

① 武建阁. 师幼互动中教师教育行为偏差研究 [D]. 中央民族大学，2013：P16—17.
② 皮埃尔·布尔迪厄. 文化资本与社会炼金术 [M]. 包亚明，译. 上海：上海人民出版社，1997：P45.
③ 徐望. 文化资本理论溯源评述 [J]. 艺术百家，2017. 12. 31.

状态。文凭是制度形态文化资本的典型形式。①② 作为民族地区的一所职业学校，彭水职教中心自 2013 年开始将民族民间文化引进校园，探索民族文化育人路径。首先通过兴趣小组，再到兴趣社团，发展到试点班级，到最后的专业开设，学校一步步探索将民族文化融入到学校的办学中，积极探索民族文化与育人目标、育人载体、育人方式、育人平台相融合，构建"四元融合"育人模式。既然是学校，目标是育人，那么就一定要有相应的制度、标准来检验、考核学生是否合格、达标，并发放相应证书，将这种形式逐步合理化、规范化、制度化，这就是文化资本的第三种形态——制度形态。彭水职教中心是一所三年制中等职业学校，三年完成学业，课程修满，考试合格的学子颁发毕业证。并且学校正在积极推进"1+X"证书试点工作，学生除了毕业证，还可以通过学习其他技能，考取技能等级证书，如学前教育专业的学生除了领取毕业证外，还可以报考普通话等级证书、育婴师、保育员等；旅游专业的学生还可以考导游证、调酒师等；而民族工艺品制作专业的学生要顺利毕业，除了要完成文化课程的学习外，还要通过文化技能的考核，今后如果有志于从事某种非遗文化传承的，要想成为某项文化技艺的传承人，也要通过有关非物质文化遗产项目代表性传承人认定与管理暂行办法的要求，最终由相关部门确定非遗等级和传承人等级；学校目前正积极努力构建苗家工艺标准，这些制度化的文化资本，都是为了提升学生知识、修养、技能，实现更好的可持续发展。

无论是文化资本的身体化形态、客观形态，还是制度化形态，三者是可以相互转换的。掌握着某种文化能力、文化技艺的人是身体化的文化资本，他们可以创造出代表着该项文化特征的显性的文化产品，这些外显的文化产品在一定条件下可以实现经济价值和文化价值，而制度化的文化资本考核了这些掌握文化能力的人，使其具有等级、权利和话语权，成为某项文化技艺的象征、代表。

彭水职教中心近几年的发展，特别注重文化内涵的提升与发展，将县内外优秀的民族民间文化引进校园，开展特色办学，逐步形成以"双苗"教育为核心的一训三风理念文化资本。传承苗家精神，培育工匠幼苗。职教校园呈现出红色文化、师范文化、民族文化、军事文化、工匠文化；全体职教人彰显出修身强能、仁爱育苗的精神品质；职教学子刻画恒勤向上、博采出新的精神风貌。学校风气严谨务实、尚武善舞；智韧勤达、守正创新的校训彰显了职教训诫的精神。这些文化主体、文化景观、文化符号、文化理念构成了彭水职教中心的文化资本。

不仅如此，学校着力人人成才、人尽其才、人人出彩的人才培养目标，服务地方经济生活文化发展，逐步形成的独具一格的文化资本正发生积极演变，向着经济资本、社会资本转换。通过对民族民间文化的深度挖掘，传承与保护、创新与发展，不少文化资本逐步形成文化产品，并进入市场，转化为经济资本。如学校通过对苗族刺绣、蜡染、剪纸、银饰工艺的传习，生产制作不失经典内涵、符合新时代市场需求的文化产品，正在向市场进军，逐步形成经济资本。同时学校的精神品质、精神文化，正影响着全体职教工作者、全体职教学子，通过双苗教育，培养出更优质的职教工作者；通过双苗教育，培养出符合社会、时代发展所需的社会主义接班人和建设者，更好地服务家庭、地方、社会经济文化发展。

第三节　民族文化育人的文化嵌入理论

追溯"文化嵌入理论"的源流，最早还得从经济社会学中的"嵌入理论"说起。"嵌入"理论主要用于阐释市场与社会二者之间的关系，其目的是维护市场经济社会良好运转；后来逐渐被引入地理学、建筑学、社会学等领域。而最早对嵌入理论进行研究的主要是匈牙利哲学家、政治经济学家卡尔·波兰尼和格兰诺维特。

卡尔·波兰尼在其著作《大转型》中提出"嵌入性"概念，其核心内涵是"经济并非像经济理论中说的那样是自足的，而是从属于政治、宗教和社会关系"[①]。随后，格兰诺维特发表的《经济行动与社会结构：嵌入性问题》中丰富发展了"嵌入性"理论，他认为："人类所做或决定的行为并不是原子化地在社会语境之外产生，也没有奴隶式地依附于某个剧本，这个剧本由他们所占据的社会类型中特定的交叉点写就。相反，他们对目标行为所做出的努力尝试被嵌入到具体的、持续运转的社会关系系统中。"[②] 由此，格兰诺维特将"嵌入性"理论从宏观拉到了微观，从社会关系网的角度出发来探讨经济行为。

而"文化嵌入性"最早是格尔茨在《小贩与国王：印度尼西亚城镇的社会发展和经济变化》中提出的，书中提到"摩季库托和塔巴南这两个印度尼西亚城镇的现代转型存在

① 卡尔·波兰尼著，冯钢，刘阳译. 大转型：我们时代的政治与经济起源 [M]. 浙江人民出版社，2007：P15.

② Mark Granozetter：Economic Action and Social Structure：The problem of Embeddedness，from《American Journa of sociology》，The University of chicago Press，1985：P487.

着很大的差别，但我们不能局限于烦琐的事实和现象层面，而要在地方的意义世界中、在象征符号系统中、在意义结构中去寻找答案"，由此可见，我们要将文化因素引入经济分析之中①。后来迪马吉奥提出了四种嵌入类型，"文化嵌入性（cultural embeddedness）"便是其中之一，其主要是指"当我们说经济行为在文化上的嵌入的时候，我们指的是所共享的集体理解在形塑经济策略和目标上的角色和意义"②。在国外，人文经济学家扎利泽在研究经济生活时主张用文化来分析经济现象，并且使用了嵌入概念，他认为应该将经济的、结构的、文化的因素结合起来思考，说明基于亲密关系的、非经济领域的文化因素与经济行为之间的内在联系，文化可以通过信仰、理念和习惯等来影响经济。国内很多学者也对"文化嵌入性"做了研究，除了探讨理论上的理解，很多学者运用"文化嵌入"理论对个案进行分析，如马威从宏观、中观和微观三个层次的"文化嵌入"说明政府在区域经济规划、制度制定和当地人们的文化认同过程中如何"将普遍存在于南方诸多少数民族中的'三月三'节日打造成文化品牌，并推动县域经济的成长"。③

由此可见，如今嵌入理论不仅仅只运用到经济学领域，在社会学、人类学、建筑学等学科领域也得到广泛利用和研究。文化嵌入则是把具有文化属性的因素与其他东西相互联系起来，产生某种影响，助推发展；而文化因素可以通过三个层次实现嵌入，产生影响，这三种层次即微观、中观和宏观。彭水职教中心坐落于渝东南、武陵山区彭水苗族土家族自治县，县内民族文化丰富，文化底蕴厚重。在多元文化相互交融、现代文明的发展下，优秀的传统民族民间文化逐渐或已经淡出人们的视野。而这些优秀的文化是我们民族自己创造的，是民族的根、民族的魂。在坚定文化自信的时代背景下，传承和弘扬优秀民族民间文化迫在眉睫，势在必行。在党的十九大报告中，伟大的习近平总书记也明确指出"文化是一个国家、一个民族的灵魂。文化兴，则国运兴；文化强，则民族强"。彭水职教中心作为民族地区的中职学校，在坚定文化自的时代背景下，自觉承担起保护传承优秀民族民间文化的责任和使命，将优秀民族民间文化引进校园，探索民族文化育人新路，不仅符合国家发展的要求，是服务地方经济发展的需要，是培养优秀民族人才的需要，更是建设社会主义文化强国的需要。彭水职教中心在探索民族文化育人过程中，也体现了微观、中

---

① 李清华：《格尔茨与科学文化现象学》，载《中央民族大学学报（哲学社会科学版）》，2012（5）：P21—30。

② Sharon Zukin and Paul DiMggio：《Structures of capital：The social organization of the economy》，Cambridge university press，199：P17.

③ 马威．"嵌入理论视野下的民俗节庆变迁——以浙江省景宁畲族自治县'中国畲乡三月三'为例"［J］．西南民族大学学报，2010（222：）：P38—43.

观、宏观三个层次的文化嵌入。

一、民族文化育人的微观嵌入

在微观嵌入层面，学校在引进民族民间文化的初期，先是进入到民族地区开展田野调查，在调研过程中发掘到一些物化的民族文化物品，诸如银饰、民族服饰等物件，通过捐赠、购买等合理方式带进校园，建立民族文化展厅，供全校师生参观学习、了解民族文化知识。在调研过程中寻找可引进校园的民族技艺大师、传承人，通过劳动合同聘请入校，建立蜡染、刺绣、剪纸、银饰、射弩等民族项目工作室，学校组建兴趣小组、兴趣社团，大师在工作室里向热爱民族手工技艺的师生传授民族技艺，培养学生兴趣爱好、民族技艺。同时，在校园环境建设过程中注入简单的民族文化符号。如学校建设的民族体育运动场，在主席台墙面上注入了苗族崇尚的苗鼓、涉猎、生产劳作等文化符号；再如学校在教学廊道的墙面上，除了注入中华优秀传统美德、励志名言等文化元素外，还特别注重民族文化元素的嵌入，如悬挂或张贴苗族的蜡染作品、刺绣作品、剪纸作品。通过显性的文化符号，广大师生可直观感受到民族文化气息，潜移默化地启发学生对民族文化，特别是对苗族文化的认知。除了在校园硬件建设中注入民族文化符号，将民族文化嵌入校园环境建设中，实现校园环境文化育人的功能外，学校还积极开发开展丰富多彩的民族文化活动，将民族文化嵌入到校园活动中，实现活动育人功能。如每年农历四月初八，学校组织学生编排舞蹈、歌曲等参加九黎城的蚩尤祭典暨踩花山节；每年十二月，举办民歌合唱节；每年六月，举办民族健身操比赛，充满特色的民族歌曲、服饰、民俗活动等特别是苗族文化正逐步嵌入校园活动中，潜移默化地影响着全校师生。

二、民族文化育人的中观嵌入

目前，民族文化育人的中观嵌入主要体现在民族民间文化引进校园发展高潮期。由于初期的探索与实践，民族文化在校园的影响逐渐扩大，广大师生对民族文化的认知逐步加深，有了一定了解，为后期民族文化嵌入教育教学奠定了坚实的基础。在前期民族文化微观嵌入中到学校环境育人、活动育人以及兴趣教学中，产生了极大影响。加之传统民族民间文化面临的危机和挑战，逐渐认识到对传统民族民间文化的传承不能仅仅依靠简单的收集、保护、兴趣传习，而要思考开设专业、开设课程，让民族民间文化真正融入学生的学习、生活、就业中去，让传统民族民间文化活起来，得到真正的保护传承、永续发展。在原有旅游、服装、烹饪专业的基础上，学校积极申报并顺利开设民族手工艺品制作专业作为紧缺专业，招生建班。而蜡染、刺绣、剪纸、银饰等手工技艺则成为该专业学子的专业课，除了专业技能课外，学生们还将完成中国民俗文化、苗族民俗文化、非遗文化欣赏、民族工艺品赏析等民族文化课，借此，将民族文化尤其是苗族文化、技艺等嵌入到课程，直接影响学生，激发学生对民族文化特别是苗族文化的认知、认同。

民族文化除了嵌入到专业建设和课程设置中外，通过传习影响，慢慢植入到广大师生的头脑里、思想里。激发不少教师自觉参与到民族文化类教材的开发与科研中去，希望通过自己的努力能为民族文化做些什么。如我们的服装教师致力于为民族服饰做点功课，积极组建团队，编撰并出版《服饰裁剪与制作工艺》《苗家刺绣》等教材；旅游专业老师将民族文化纳入旅游服务，编撰并出版《渝东南导游实务》《彭水地方民俗与乡村旅游》等教材；民族手工技艺老师希望通过对民族手工技艺的认知理解，编撰出版《幼儿剪纸》教材，正积极撰写苗家工艺指南、工艺标准、苗家蜡染等相关书籍。在全校积极开展并努力推进民族文化育人的探索与实践中，民族文化还嵌入到教师们的科研工作中，他们开始研究民族语言、双语教学、民族音乐、民族舞蹈、民族美术、民族体育竞技、民族技艺、民族文化传承与发展等问题，不少老师将民族文化纳入到课题申报中，申报校级、县级、市级课题，成果显著。无论是专业建设、课程设置，还是教材开发、科研工作等，民族文化正潜移默化地嵌入到教育教学过程中，影响着全校师生的成长与发展。

三、民族文化育人的宏观嵌入

关于民族文化育人的宏观嵌入，主要从学校制度文化、理念文化等层面来梳理。学校将民族民间文化引进校园，探索民族文化育人新路日趋完善、稳定、成熟。学校自将民族文化引进校园、传习民族文化开始，积极搭建并成立民族文化专家指导委员会，编制专家指导委员会制度，指导学校民族文化建设、民族文化活动开展、民族文化传承教育。由于民族文化在校园逐渐站稳脚跟，基于高水平专业群的建设和发展，学校成功申报民族文化旅游专业群建设，基于民族文化传习的组群逻辑，搭建以民族服装、旅游、烹饪、民族手工艺制作、电子商务、学前教育专业为集群的民族文化旅游专业群，各展所长、优劣互补、整合统一、协同发展。为了做好专业群的建设，不得不对以往人才培养目标、方案做修改调整，不得不对以往课程体系的设置和构建做重新规划，以形成符合专业群建设发展的新的课程体系、人才培养方案。民族文化除了嵌入到专业群建设中外，还嵌入到产教融合、校企合作中。当前学校积极与民族文化相关企事业单位开展深度合作，构建"五元协同"民族文化育人平台，实现更好的民族文化传承与人才培养。同时，在学校理念文化建设中，逐步确立了以"双苗"教育为主题的校园理念文化主题。"双苗"，顾名思义，作为一所民族地区的中职学校，自觉承担起传承苗家文化的义务，为祖国培育更多更优质且符合时代所需的工匠幼苗。未来，学校的发展必将始终紧跟彭水县域发展战略，始终坚持以民族文化为办学特色，扎根县域，培养人才，服务地方经济社会发展，为民族文化事业、产业贡献微薄之力。

当民族文化在学校立足，逐渐稳定，成熟后，无论是民族文化的微观嵌入、中观嵌入，还是宏观嵌入，都是相辅相成、相互影响、相互统一、共同存在的，民族文化作为一种办学特色、育人模式，必将嵌入到学校的各个层面、各个环节、各项内容。

第四节　民族文化育人的文化共生理论

长时间以来，"共生"广泛存在于各个研究领域，来自不同学科的专家、学者都结合自身学术背景，从不同视角对其进行界定。而最早使用"共生"这一学术用语的是德国生物学家安东·豆·培里，1879年，安东·豆·培里将"共生"定义为"不同生物密切生活在一起"①。因此，生物学领域也就顺理成章地成为共生理论的发源地。在《辞海》中对"共生"的解释也选择了生物学角度："共生或称'互利共生'，泛指两个或两个以上有机体生活在一起的相互关系。"② 由于不同学科领域的广泛参与研究，使得人们对共生的认识呈现出多元化的现象。吴飞驰基于中国天人合一的传统哲学，提出"共生是人与自然以及各自内部之间形成的一种共同生存、和谐共进的关系"③。李思强从哲学角度将共生定义为"不同事物或单元之间形成的一种相互促进、和谐共融的命运关系"④。袁年兴认为"共生"不是抽象的、虚幻的，它蕴含着共同、互惠、合作、进化等深刻的理念。文化是人类社会特有的现象，贯穿于人类社会的各个领域，体现着人的本质和人的发展⑤。而众所周知，文化存在着差异性，不同的国家、地区、民族的文化都存在这样或那样的差异。⑥ 文化同时也存在着排他性，萨缪尔指出："在这个新的世界里，最危险的冲突是属

① ［日］尾关周二. 共生的理想［M］. 卞崇道，刘荣，周秀静，译. 北京：中央编译出版社，1996：134.
② 辞海委员会. 辞海［M］. 上海：上海辞书出版社，1999：3516.
③ 吴飞驰. 关于共生理念的思考［J］. 哲学动态，2000（6）：22—24.
④ 李思强. 共生建构说［M］. 北京：中国社会科学出版社，2004：135.
⑤ 邱德华. 基于地域文化的城市形象设计策略研究——以苏州为例［D］. 苏州科学院，2009.
⑥ 杨雪英，朱凌云. 论文化的多元化与高校思想政治教育［J］. 中国高教研究，2006，（11）：57—59.

于不同文化实体的人民之间的冲突，而不是社会阶级之间、富人和穷人之间或其他以经济划分的集团之间的冲突。"① 随着历史的演进，不同文化之间不断重复着碰撞、融合与发展的历史规律②。民族地区的中职学校要解决民族文化与现代文化之间的摩擦，推进民族文化传承发展，就不得不处理好文化共生的问题。

所谓文化共生，不同学者持不同定义，但究其内涵基本一致。王淑捷、顾锡军认为"文化共生主要是指不同民族、不同区域间的文化多元共存、相互尊重、兼容并包、相互交流和协调发展的文化形态"。③ 日本学者山下晋司对"多文化共生"的定义是："不同国籍和民族背景的人们，承认相互间的文化差异，建构平等的社会关系，作为同一地方社区成员共同生活在一起。"④ 吴秀兰在《论多元文化共生与青海和谐社会之构建——以文化和谐为视角》里谈道："文化共生是多民族地区文化生成与发展的普遍现象。'文化共生'是指在多元文化时代背景下，传统文化与现代文化、外来文化和民族文化以及一个国家和地区内部的多民族文化之间的相互作用、和谐共存、平等交融，以实现文化的共同进步、共同繁荣。"⑤ 他指出不仅民族与民族之间需要共生，本国民族文化与外来民族文化之间也需要和谐相处。乐黛云在《多元文化共生将决定世界前程》中提到："'共生'不是'融合'，也不是简单的和平共处，而是保持并发展各自独特优势，相辅相成，齐头并进。多元文化共生的全球化，不是文化之间的相互欺压，而是多种文化并存，以共生互惠为前提，实现平等共处、共同进步、共同发展。多元文化共生的前提就是各民族对自身的文化有充分的自觉。"⑥ 张东华、刘名福认为："各种文化或个体在由文化共生体、文化共生界面、共生环境构成的文化共生系统中通过相互适应、竞争和依赖关系共同推动着整个文化共生系统的演进。"⑦ 邱仁富在《文化共生与和谐文化探幽》中解释说："'文化共生'即指不同文化之间的'多样并存、多元沟通、彼此尊重、相互影响、融会贯通、协同联动'的文化形态。"⑧ 他指出文化共生强调文化共存，突出多元文化之间的内在联系，包括不

① 萨缪尔·亨廷顿. 文明的冲突 [M]. 北京：新华出版社，2013：32.

② 尹博. 基于文化共生理论的渝东南学校民族文化教育发展研究 [D]. 西南大学，2015. 03. 10.

③ 王淑婕，顾锡军. 安多地区宗教信仰认同与多元文化共生模式溯析 [J]. 西藏研究，2012，(3)：97—104.

④ 山下晋司. 多文化共生：跨国移民与多元文化的新日本 [M]. 北方民族大学学报（哲学社会科学版），2011，(1)：15—21.

⑤ 吴秀兰. 论多元文化共生与青海和谐社会之构建——以文化和谐为视角 [J]. 青海师范大学学报，2011：(4)：53—56.

⑥ 乐黛云. 多元文化共生将决定世界前程 [J]. 中国民族报，2007，(4)：20.

⑦ 张东华，刘名福. 文化共生环境下档案文化发展动力研究 [J]. 档案学通讯 2010，(4)：4-6.

⑧ 邱仁富. 文化共生与和谐文化探幽 [J]. 学术交流，2007 (11)：37—41.

同性质的文化之间彼此尊重各自的文化习俗、文化发展空间；相互尊重彼此的不同文化样态，通过相互交流、优势整合、协调并进，形成互联、互通、互动的和谐共生势态。① 该观念涉及了三个层次，第一是"共存"，即不同文化独立存在，又要打破"排外"的民族心理和谐相处；第二是"互补"，即各文化应取长补短、宽容接纳外来文化的优势；第三是"特长"，在其他文化的冲击之下，不能迷失自我，而应坚持自身优秀传统，挖掘自身特色精华，将本民族文化发扬光大，避免违背文化自身的发展规律和发展向度，避免文化共生走向文化单一化、极端化，避免文化多样性的减少。②

综上所述，本研究把"文化共生"的内涵定义为各民族文化之间进行的文化交流与融通，其目的在于实现各民族文化内涵和表征上的"互惠、互通、共融、共存"。③ 作为民族地区的中职学校，在多元文化相互交融、冲击的今天，坚定文化自信，自觉传承和弘扬优秀民族民间文化，不仅是文化繁荣发展的需要，也是地方经济社会发展的需要，更是人才培养的需要。众所周知，文化共生不是简单共存共处，而是由共生主体、共生界面、共生环境构成的共生系统，而这三者之间相互适应、相互影响，共同推动整个文化共生系统的演进。

一、民族文化育人的共生主体

育人从来不是靠一己之力，也不可能一面独当，文化育人更是如此，虽然学校是教书育人的主阵地，老师是传道授业解惑的主力军，但是文化的传承、人才的培育仅仅依靠学校、教师远远不够，甚至是微不足道的。这就需要汇聚多方力量，凝聚多方智力，形成合力，协同共进，高效助推文化传承与人才培养。彭水职教中心作为民族地区的中职学校，自2013年把优秀民族民间文化，特别是苗族文化引进校园起，就潜心探索联合一切可以联合的志同道合的有生力量，构建民族文化发展命运共同体、民族文化育人共同体，协同共进，共谋民族文化传承之大计，携手共进，助推民族文化在多元文化背景下繁荣发展。2013年起，开始联合民族文化专家、传承人、民间艺人等组建民族文化专家指导委员会，共商优秀民族文化在学校的传习发展。在重庆市职业教育学会的带领下，学校2018年开始筹划，于2019年联合市内外中职学校、高校、企业、媒体等156家单位，成立全国首家"重庆市非物质文化遗产保护与产教联盟"，共商优秀民族民间文化的传承发展。除了

① 邱仁富. 文化共生与和谐文化探幽 [J]. 学术交流, 2007 (11)：37—41.
② 尹博. 基于文化共生理论的渝东南学校民族文化教育发展研究 [D]. 西南大学, 2015. 03. 10.
③ 尹博. 基于文化共生理论的渝东南学校民族文化教育发展研究 [D]. 西南大学, 2015. 03. 10.

以上主体积极参与民族文化育人外，在深化产教融合、校企合作的背景下，联合企业、行业等力量，实现多方合力协同育人格局。由此，学校不断深入推进产教融合、校企合作，与蚩尤九黎城深度开展"校城合作"，建立天下九黎双创孵化基地，共同培养学生创新创业能力；与乌江画廊、阿依河、摩围山、鞍子苗寨等多个景区企业合作，构建"五元协同"育人平台，共谋地域优秀民族民间文化的繁荣发展。积极参与区域职教集团，与其他学校一道，共话民族文化育人经验。综上，政府及相关部门、行业、企业、学校、集团、研究机构、专家学者、艺人、媒体等相关力量构成了民族文化育人的共生主体，组建民族文化发展命运共同体、民族文化育人共同体，凝心聚力，共商共讨、共谋共话民族文化育人策略，在多元文化交融的时代背景下创新发展，实现民族文化育人。

二、民族文化育人的共生环境

要实现民族文化育人，不是共生主体头脑一热，想怎样就怎样，只有拥有共生的环境条件，才能最大力度、最高效率实现民族文化育人这一目标。在经济全球化、世界一体化、发展现代化的今天，世界各国的生活方式和生产方式正在逐步趋同：一样的高楼，一样的马路，一样的街道，一样的商店。在一座城市里，人们难以分清我国和他国，难以分辨故乡与他乡。在多元文化、现代文明高度发展的今天，越来越多优秀的民族文化、传统文化逐步淡出人们的视野，甚至已经销声匿迹。正如冯骥才先生在《紧急呼救》里说的，"我国的民族文化遗产需要拨打110紧急呼救"。我想我们的苗族文化也该紧急呼救了。试想，在经济发展、物质文明进步的历史时期，文化本应该有更高的发展，更加繁荣；但传统的优秀的民族文化却被冷冻、被遗弃、被毁灭，这将是一个国家、一个民族的悲哀，一段历史、一种文明的不幸。

近些年来，党和国家一直高度重视文化的繁荣发展。2017年，我国政府更是印发了《关于实施中华优秀传统文化传承发展工程的意见》，①，文件指出"文化是民族的血脉，是人民的精神家园。文化自信是更基本、更深层、更持久的力量"。2018年政府报告中也指出："我们要以中国特色社会主义文化的繁荣兴盛，凝聚起实现民族复兴的磅礴精神力量。"在党的十九大报告中，伟大的习近平总书记也明确指出"文化是一个国家、一个民族的灵魂。文化兴，则国运兴；文化强，则民族强"。在中国特色社会主义建设的新时期，习总书记倡导我们要坚持"四个自信"，在道路自信、理论自信和制度自信的背后，正是

---

① 《关于实施中华优秀传统文化传承发展工程的意见》中共中央办公厅、国务院办公厅印发，2017年1月25日。

我们坚定的文化自信。所以，文化自信的建设，直接关系到民族精神的凝聚和激发，与国运、民魂紧紧联系在一起。一个具有文化底蕴的国家，是一个极具生命力的国家；一个没有文化自信的民族，不可能是也不会是一个源远流长的民族。所以从国家环境来讲，应高度重视文化的繁荣，出台政策文件，支持文化事业、文化产业的发展。

而近几年，彭水依托得天独厚的自然资源和丰富多彩的民族文化、历史文化等人文旅游资源优势，大力支持旅游产业的发展，提出"旅游富县、文化兴县"的战略部署，成功推出生态、文化、民族三张特色品牌，把彭水建设成为中等旅游城市。每年推出"一赛一节"即水上运动比赛、踩花山节等节赛系列活动；开发蚩尤·九黎城、梦幻阿依河、康养摩围山、民俗鞍子苗寨、乌江画廊等诸多旅游度假胜地；积极挖掘丹砂文化、流放文化、诗词文化、历史文化、非物质文化遗产等文化资源。当地政府大力支持地域文化的挖掘研究工作，注重文化事业、产业的繁荣发展。

而彭水职教中心作为民族地区的中职学校，自2013年开始把民族文化引进校园，探索民族文化在学校传承发展的路径，把民族文化作为学校发展的特色品牌，民族文化不断引领着学校向前发展。从兴趣小组到兴趣社团，再到试点班，最后到专业开设并顺利招生，民族文化尤其是苗族文化在学校逐步稳固，生根发芽、开花结果，逐步探索实践，构建民族文化育人新路。近几年，学校已从重庆市重点中职学校发展成为重庆市改革发展示范校，到如今正在积极努力创建重庆市高水平学校。学校的每一步成长，都离不开高度重视文化的传承与发展，离不开民族文化这张特色牌。近些年，学校依托民族文化育人路径探索实践，广受社会关注和认可。2017年国家民委原副主任李昌平到校调研时高度赞扬："彭水职教中心将民族文化的种子种在了学生的心中！"全国人大民族委员会副主任肖怀远到校寄语"民族文化传承教育看彭水职教中心"。重庆市副市长屈谦到校调研时说："希望李玉珍老师把一手绝活毫不保留地教给我们学生，让民族文化得到更好的传承。"中国教育报、重庆电视台、重庆日报等多家媒体分别对学校民族文化育人成果进行多次报道。

综上所述，在当前全球化越演越烈、文化多元化的环境背景下，上至国家，下至学校甚至是个人，都逐渐意识到保护和传习自身优秀文化、坚定文化自信的重要性，不仅重要，更是势在必行。所以可以看出，不论是政策支持，还是资金支持、智力支持等，各层级单位、社会群体、个人都在积极营造积极健康的文化共生环境。"文化"，顾名思义："文字教化"。文化存在的本质不是简单呈现，而是为了教育、传习，以取得人类社会的更加文明、更加进步。而如果在探索民族文化育人的实践中，没有良好的育人环境，人才培养也就只是纸上谈兵。就像一粒种子要生根发芽，就必须对其生存环境有所要求，只有当生存环境满足条件的情况下，这粒种子才有可能培育成功；人才培育也是一样，要具备人才培养的共生条件，才可能培育学生成长成才。

三、民族文化育人的共生关系

关于共生关系，不少学者从不同研究视角开展研究讨论，究其核心基本一致。诸如此类的词汇可以阐释：相互尊重，相互影响、融会贯通、协同联动、相互交流、优势整合、协调并进，形成互联、互通、互动的和谐共生势态。因此，在共生关系中不仅仅是他者与自我的共存，更是在共存的世界里取得更好的发展。学校在践行民族文化育人过程中也应注意多元文化的共生关系和不同共生主体的共生关系，归纳来看，主要体现三种共生关系，即"共存""互补""特长"。

从共生主体来看，在实现民族文化育人过程中，育人主体并不只是学校单一层面，还关联到政府相关部门、行业企业、其他学校、研究机构、民间大师艺人、媒体等诸多行为主体，他们因民族文化、文化育人联系起来，形成发展命运共同体，共同扮演着民族文化传承的主角，是共生共长的。不仅如此，各行为主体因职能不同、资源不同等，具有各自优势，也存在相应不足，所以就需要做到各行为主体各自发挥自身优势，优劣互补，争取效益最大化。比如政府作为民族文化育人的行为主体之一，主要起到引导作用，出台民族文化人才培养、民族文化保护传承等相关政策，必要时给予相应资金支持等，积极为民族文化育人营造更好的环境；学校作为民族文化育人的主阵地，老师作为民族文化育人的主力军，就应发挥学校人才培养的社会功能、老师传道授业解惑的价值意义，保障社会人才供给；行业企业是助推民族文化事业、产业向前发展的主力军，在人才需求、产品需求上都具有前瞻性，在产品开发设计、生产制作、体验销售上都远远好于其他主体，因此行业企业更应该发挥自身优势，助推民族文化产业积极健康发展；专家学者的知识文化水平高，科研能力较强，更多地开展一些民族文化类的科研工作，分析民族文化发展前进趋势；民间大师、艺人、传承人等，他们是民族文化事象载体，民族知识、民族记忆、民族精神的掌握者、操持者、传习者，只有保护好他们，才能最好地保护好民族文化事象，只有他们才能更好地将原真性的民族知识、技艺、精神传授给时代新人；媒体主要发挥其广泛宣传推广功能，让更多的人知晓，启发更多的社会组织、个人参与到民族文化传承的队伍中。综上可以看出，在践行民族文化育人过程中，相关行为主体应联系起来，各自发挥优势、优劣互补、协同育人，构建民族文化发展命运共同体，更好地实现民族文化育人。

从多元文化来看：当前社会处于飞速发展时期，各种文化凸显，层出不穷，交融汇聚。在这样的时代背景下，势必影响传统文化发展，甚至可能出现难以分辨"我国"与"他国"、"自我"与"他者"的趋势。正是在这样的背景下，坚定文化自信就势在必行。与此同时，我们要考虑的是，即使我们要坚定自身文化自信，也不可能完全忽视、摒弃当前文明、当下文化，所以需要做到现代文明与传统文化二者之间的和谐共生，不一味地复古，也不一味地崇今。结合彭水县域文化来看，县域空间里也不只是民族文化浓郁，更有州府文化、盐丹文化、流放文化、诗词文化、古镇文化、造纸文化等，多元文化共存、交织，丰富多彩。而彭水职教中心作为县域内唯一的中职学校，把民族文化作为特色品牌谋发展，但作为中职学校，职业教育是一种特殊类型的教育，不仅要培养高素质文化人才，同时也要为国家、地方培育优质的技术技能人才，校园内不仅具有民族文化气息，工匠文化、工匠精神也要植入校园。所以即使是在小小的校园里，也不只是民族文化，也呈现多元文化共存、交织的现象。特别是学校内部面临着复杂的文化生态环境，必须积极应对多元文化杂糅并存和各种价值观念的冲突碰撞，必须处理好各种文化之间的取舍、平衡和协调，把尊重文化多样性与加强主流文化的引导结合起来。

综上，在多元文化共存、交织的背景下，不能一味地保守而排外，也不能一味地吸收而不坚守，更应该谋求科学合理的文化相处之道，实现各显神通、优势互补、协同共进；实现文化的"多元共存，和谐共生"；在民族文化育人过程中实现"各美其美、美人之美、美美与共、天下大同"的格局。

第五节　民族文化育人的文化认同理论

20世纪50年代，美国著名的精神分析学家埃里克松（Eriksson）提出"文化认同"的重要论述，而后被其他学科领域的学者广泛研究，而且产生了丰硕的成果。"认同"，被描述成心灵的归属感，这种归属感暗示该群体的价值、背景、看法。该群体的一些特征如文化、阶级、性别、种族背景、语言、宗教等会随着时间和空间的改变而改变。"认同"是人们对自我身份的"确认"，即回答和解决"我是谁"这一问题。文化和认同都是在不同的时空下顺应民族、族群的需要被建构和塑造出来的。文化理论家雷蒙·威廉斯（Raymond Williams）认为，人们的社会地位和认同是由其所处环境决定的，文化具有传递认同信息的功能。当一种文化遇到另一种文化时，首先遇到的就是"认同"问题，"认同"需要一个建构的过程。在现代社会，文化与认同常结合起来形成特定的文化认同，作为个人或群体界定自我、区分他者、加强彼此同一感、拥有共同文化内涵的群体标志。①②

"文化认同"是人们在一个区域共同体中长期共同生活所形成的对本区域核心基本价值的认同，是凝聚这个民族、国家及区域共同体的精神纽带，是民族、国家及区域共同体生命延续的精神基础。③ 因而，文化认同是民族认同、国家认同的重要基础，且是最深层的基础。一种有生命力的文化，绝不应该是分散的，而是能够向社会提供某种文化认同的对象的；同时它又是丰富的，内部有张力，包含着不同的、相互质疑的部分，因此也就能吸收来自外部的其他文化的营养，不断发展自己。④

对于文化认同的含义，由于不同的学者立场不同、观念不同，对于文化认同的理解也不尽相同。"文化认同是指个体对于所属文化以及文化群体内化并产生归属感，从而获得、保持与创新自身文化的社会心理过程。"⑤ 文化认同作为一个历史过程，从初级层面上来讲：一是身份层面上将个人身份归结于某一族群；二是思想层面上认同族群内的价值取向；三是行为层面上践行族群内的伦理规范。从高级层面上来讲：文化认同是在对文化形态生成、发展、流变历程科学认知基础上形成的一种文化适应状态，形成有别于其他族群差异化的文化形态，表现为心理上的内化、行为上的外化。⑥ 文化认同是国家认同与民族认同的桥梁和纽带。⑦ 特别是在中国这样一个"多元一体"的民族大家庭，民族文化认同是民族发展的前提，是实现各民族对伟大祖国的认同、对中华民族的认同、对中国共产党的认同、对中国特色社会主义的认同的基础。但现实中，民族文化认同面临着诸多困境：一些人对民族文化自信不足，视传统文化为过时落后的代名词；在文化旅游开发的大潮下，民族文化被过度消费、严重污染；在国学复兴的旗号下，"传承"演变成为"复古"，不断消解着民族文化的感染力、传播力、创造力。此外，中国建立和完善社会主义市场经济体制必然包含着深刻的文化更新过程，在这个过程中，我们不可避免地会面临如何建立统一的、一致的、共享的文化精神或文化价值观这一问题。而作为民族地区的中职学校，要完成民族文化育人这一宏伟蓝图，必须在民族文化育人模式的构建与实践中做到认知、

① 何平立.《认同政治与政治认同——"第三条道路"与西方社会政治文化变迁》,《江淮论坛》, 2008 (4): 51—57.
② 郭晓川. 文化认同视域下的跨文化交际研究——以美国、欧盟为例 [D]. 上海外国语大学, 2012. 05. 09.
③ 郭晓川. 文化认同视域下的跨文化交际研究——以美国、欧盟为例 [D]. 上海外国语大学, 2012. 05. 09.
④ 何洪涛. 试从文化认同解读中欧关系 [J]. 广州大学学报: 社会科学版, 2006 年 1 期第 38 页.
⑤ 陈世联. 文化认同、文化和谐与社会和谐 [J]. 西南民族大学学报 (人文社科版), 2006 (03): 117—121.
⑥ 钟瑞添, 刘顺强. 民族文化认同与振兴之路 [J]. 长白学刊, 2019 (04): 149—156.
⑦ 罗春秋, 朱云生, 代俊. 认同与构建: 新中国成立以来少数民族文化政策变迁研究 [J]. 贵州民族研究, 2020, 41 (02): 21—26.

情感、行为上的认同，才能实现更好的文化育人成效

一、民族文化育人的认知认同

在多元文化的交融冲击下，在现代文明高速发展的今天，不少民族民间文化深受冲击，逐渐淡出人们的视野，甚至不少文化事象正在或已经销声匿迹。特别是新生代对传统文化、民族文化的了解和认知所剩无几，甚至是一无所知。在主流文化强势冲击之下，不少弱势文化正在或已经消失。曾在班级上课中关于民族身份、民族文化等问题做过调查，结果显而易见，小部分同学连自己的民族身份都不清楚，而更多的同学对自己本民族有哪些文化知之甚少。试想，在经济发展、物质文明进步的历史时期，文化本应该有更高发展，更加繁荣；但传统的优秀的民族文化却被冷冻、被遗弃、被毁灭，这将是一个国家、一个民族的悲哀，一段历史、一种文明的不幸。而作为新生代的青年学生，对本民族文化知之甚少，这何尝不是一个民族、一个民族文化的悲哀！

作为民族地区的中职学校，彭水职教中心在党和国家的政策方针指引下，在当地政府的战略部署、发展规划的引导下，思考学校教育的真正内涵，坚定文化自信，自觉把传承和弘扬优秀民族民间文化作为己任。在扎实的田野调查基础上，深挖县域文化资源，将优秀民族民间文化引进校园，探索学校传承教育路径。彭水县是全国苗族人口最多的少数民族自治县，因此，结合县域文化实际，苗族文化自然成为学校引进的重点项目。把苗族剪纸、刺绣、蜡染、银饰锻造、苗家菜肴、苗族舞蹈、苗族歌曲、苗族语言等引进校园，将射弩、竹铃球等传统体育项目引进校园，推进"六个一"素质工程建设，即会一项民族体育运动、会一首苗歌、会一项苗族手工技艺、会一道苗家菜肴、会一种民族语言（苗语）、会一种苗族舞蹈。通过项目引进、专家指导、大师聘请、兴趣社团组建等，全校师生对民族文化，尤其是苗族文化有了初步了解和认识。但仅仅依靠这些简单粗浅的工作，仍不足以让我们的民族文化深入人心，得到深层次的认知、认同。于是学校开始大刀阔斧，改革创新。组建试点班级，引进师资力量，开设民族类专业，重构课程体系，举办民族文化活动，开发民族文化类资源，深度开展民族文化研究、广泛交流与合作，通过几年实践摸索，构建了"四元融合"的民族文化育人模式。民族文化知识、技艺、精神内涵通过育人目标、育人载体、育人方式、育人平台等全方位面向全校师生和相关社会群体。通过几年的实践探索、教育传习，全校师生对民族文化，尤其对苗族文化的认知逐步加深，现在学生们知道自己的民族身份、民族的历史与起源、民族的发展演变、民族民俗文化、民族技艺等，而民族文化、民族精神正慢慢渗透到人们心中，体现到情感、行为中。

二、民族文化育人的情感认同

从微观层面来看，情感是人性的重要组成部分，情感的存在与个体的人的存在密切相关，一个人的情感结构决定了一个人的存在范畴；而从宏观层面来看，情感与人类社会的发展息息相关，情感是推动社会变革的重要力量，更是人类社会结构和社会文化生成的承担者。[①] 这就决定了，一方面，民族文化、民族意志所表征的必须扩大族群的情感需求；另一方面，民族文化、民族意志要行之有效又必须转化为人们广泛的情感认同。只有在这种情感的互通、互动中，才能真正将民族文化认同落细、落实。[②] 在民族文化育人实践中，首先是要让广大群体对民族文化，尤其是本民族的文化有更加清楚的了解和认知，知道自己从哪里来，是怎样演变发展的，文化内涵、精神品质是什么，明白今后我们该延续什么。当我们有了清晰的认知后，才有可能从心理上做出判断，哪些文化我们该传习，哪些该摒弃，才可能认同我们的文化。在民族文化育人实践中，通过几年实践教学，民族知识、技艺、精神逐步深入人心，得到广泛认可、接受和肯定。具体表现在越来越多的老师开始自觉投入到民族文化的科研工作和教学中；越来越多的学生对民族文化的喜爱显著加深，兴趣越来越浓、积极性越来越高，自觉投入到民族文化传习中去，不再为自己是边远地区的孩子、贫困山区的孩子、民族地区的孩子感到自卑，反而因为自己是苗族、因为自己是土家族而从内心深处感到自豪、自信。

三、民族文化育人的行为认同

正所谓"内化于心，外化于行"。当人们对自身文化有了认知，有了情感认同之后，才可能将我们的这种认同自觉或不自觉地体现在我们的行为中。从认知、情感上认同，从行为表现上体现。从实际看来，也确实如此，通过民族文化育人实践，现在校园中不少学子开始简单地用苗语交际，不少学生唱苗语歌、学苗舞、习苗家技艺，参加学校歌唱比赛、舞蹈比赛、技艺比赛，将我们的苗族文化布满校园，走出校门，走向全国，迈向世界。更有部分同学依靠所学知识、技能，谋求到不错的生计。如学习民族工艺品制作的孩子，毕业后在县内外景区工作，从事民族技艺剪纸、蜡染、刺绣等传习、制作与销售工作，让民族手工技艺文化在社会上得以传承发展；再如娇阿依艺术班的孩子，通过在校学习苗家歌舞，如今在九黎集团上班，将我们苗族的歌舞带向全世界。民族文化，尤其以苗族文化为典型的文化认同正深入到广大师生心中，体现在其行为表现中。用实际行动去践

---

① 情感认同与价值观认同 ［N］. 光明日报，2018 年 5 月 28 日 14 版.
② 情感认同与价值观认同 ［N］. 光明日报，2018 年 5 月 28 日 14 版.

行，新时代青年也懂民族知识，会民族技艺，展民族精神。

其实文化认同的过程，实质就是对民族文化符号的延续与创新，将其改造为符合文化主体需求的文化内容与形式，最终实现主体内在文化价值选择的自觉。而民族文化育人则是与国家政治环境相互作用的产物，其来源于政治需求，党和国家将自己的政治意愿体现在民族文化育人之中传递给各族人民，塑造出符合时代发展的社会环境和社会主义公民，是促进民族文化认同的长效机制。因为学校教育始终在民族文化认同、传承与创新中发挥着重要作用，要将优秀民族文化贯穿国民教育始终，深入改变民族文化发展生境。同时，学校作为一个系统化教书育人的场所，是知识性、思想性、创新性的聚居地，更是民族传统文化认同、传承、创新的前沿阵地。要区分不同层次、不同阶段、不同地域学校教育的特点，注重不同阶段和不同层次教育的整体衔接；唤起个体在民族文化学习中的积极性、自主性以及创造性，遵循认知规律和民族传统文化的教育教学规律，建构起科学的民族传统文化教育体系；改变以功利化为导向、以灌输为手段的教育模式，注重文化体验、情感共鸣、文化熏陶在民族传统文化认知中的感染作用，用具体的历史知识和现实案例，使受教育者在自我历练中体会到民族文化的巨大力量，主动担负起民族文化传承发展的重任。

彭水苗族土家族自治县是苗族人口最多的自治县，号称"世界苗乡"。境内民族文化浓郁，历史文化厚重，诗词文化流传，红色文化典藏，民间文化多彩，为文化事象的生存和繁衍创造了很好的文化空间，境内各群体对县域文化充满了自信与自豪。在坚定文化自信的背景下，彭水职教中心依托县域文化空间，深度挖掘县域文化，解读县域文化内涵与精神；在全球文化交流的时代背景下，在多元文化同质化发展的背景下，在现代文化大力冲击传统文化、民族民间优秀传统文化面临前所未有的生存危机的背景下，学校作为传承和保护、创新和发展优秀县域文化的主力军、重要力量，自觉承担起传承创新县域文化的历史使命和责任重担。开展深度研究，将民族民间文化引进校园，引进大师，开设文化课程，开发文化资源，开办民族工艺品制作专业，从育人目标到育人载体，再到育人形式到育人平台等全方位将民族文化融入到学校办学过程中，构建了"四级融合"民族文化育人模式，形成了民族地区民族职校办学特色。经过几年的探索实践，学校全体师生员工对县域文化尤其是苗族文化的认同大大增强，人们再也不因为自己是边、远、穷、少地区的人而自卑，反而更加自信，更加喜爱自己的文化。无论是从语言服饰，还是从生活习俗，都变得越来越认可自身的文化，不仅如此，还积极传承弘扬，创新发展自己本地区、本民族优秀的经典文化、非遗文化，更好地改善自身家庭的现状，服务地方经济社会、文化事业、产业的发展。

第三章 >> 民族文化育人的场域空间

场域是一种具有相对独立性的社会空间，相对独立性既是不同场域相互区别的标志，也是不同场域得以存在的依据①。学校地处世界苗乡彭水苗族土家族自治县，民族文化的场域空间资源丰富，育人环境优势明显。建县的历史可追溯到汉建元元年（公元前140年），在两千多年的历史过程中，形成独特的"黔中文化"和"盐丹文化"。改革开放以来，彭水打造"民族、生态、文化"三大名片，境内拥有乌江画廊、阿依河、摩围山、蚩尤九黎城、郁山古镇等5大精品景区，彭水两江六岸的风景打造出了不一样的水中小城，先后摘获"亚洲金旅奖大中华区十大民俗特色旅游目的地""美丽中国生态旅游十佳示范县""中国爱情治愈圣地"等殊荣，被联合国环境基金会评为"绿色中国杰出绿色生态城市"②。

第一节　民族文化育人的地理空间

世界苗乡是一个历史悠久、具有灿烂文化的地理空间，历史底蕴深厚，民族文化特色明显，文化育人的资源丰富，为学校育人提供了强有力的资源保障。

一、世界苗乡的发展底蕴

世界苗乡是重庆市彭水苗族土家族自治县对外推介的形象符号，苗乡文化源远流长，既有远古的"盐丹文化""蚩尤文化"，也有现在的"红色文化"。

---

①　[德国] 库尔特·考夫卡. 格式塔心理学原理（上册）. [M]. 黎炜，译. 杭州：浙江教育出版社. 1997 年出版，第 19 页.

②　汪家生. 黔中文化研究 [M]. 北京. 中国言实出版社，2014 年出版，第 2—3 页.

（一）世界苗乡的由来

"世界苗乡"是彭水苗族土家族自治县的另一个称号，源于彭水自治县是全国苗族聚居人口最多的自治县。彭水自治县位于重庆市东南部，处武陵山区，居乌江下游，北接湖北，南连贵州，幅员面积为3903平方公里，辖3街道18镇18乡，总人口69万，苗族人口33万。置县2000余年，历为道、州、县三级治所地，孕育了巴渝最古老的"黔中文化"和"盐丹文化"，是"黔中文化"和"盐丹文化"的发源地、中国民间文化艺术之乡、重庆唯一以苗族为主的少数民族自治县。民族、生态、文化是彭水的三大名片，境内拥有乌江画廊、阿依河、摩围山、蚩尤九黎城、郁山古镇等5大精品景区，彭水两江六岸的风景打造出了不一样的水中小城，先后摘获"亚洲金旅奖大中华区十大民俗特色旅游目的地""美丽中国生态旅游十佳示范县""中国爱情治愈圣地"等殊荣，被联合国环境基金会评为"绿色中国杰出绿色生态城市"①。同时，彭水还是全国烤烟基地标准化示范县、全国油茶基地建设重点县、"中华蜜蜂之乡"、全市唯一的水利能源基地县、全市现代草食牲畜基地县、全市森林资源大县。

（二）世界苗乡的历史底蕴

世界苗乡，彭水地，因有盐、丹之利和乌、郁江水道之便，上古是民之国地。商至春秋属巴。战国属楚黔中（郡）。秦赢政二十六年（前221年），秦始皇统一中国后，全国划分为36郡，重置黔中郡，彭水属之②。

汉加强郡县制。西汉建元初（前140年），武帝置涪陵县，沿今郁山镇，属巴郡，辖今彭水、黔江、酉阳、武隆、石柱、沿河、印江、思南、正安、务川、道真等区、县和秀山县西部，面积约3.50万平方公里。因伏牛山中井河、后灶河两盐水而得名。始建国元年（9年）改涪陵县为巴亭，建武元年（25年）复置。东汉建安六年（201年），置巴东属国都尉，治今彭水县城，析涪陵县地置涪陵（治今彭水县城）、永宁（治今贵州省德江县上费溪）、丹兴（今黔江区）、汉葭（治今郁山镇）4县属之。

蜀汉承汉制。章武元年（211年）改巴东属国为涪陵郡，仍治今彭水县城，改永宁为万宁，析涪陵县地置汉复县（治今沿河县洪渡镇一带），彭水地属涪陵郡。延熙十三年（250年），析涪陵县地置汉平县（今武陵县）。

① 汪家生. 黔中文化研究. [M]. 北京. 中国言实出版社. 2014年出版，第2—3页.
② 彭水县志编纂委员会. 彭水县志. [M]. 四川人民出版社. 1997出版，第8—11页.

晋承蜀制。太康元年（280年），省丹兴县入涪陵县。咸和三年（328年）始，今黔江、彭水等地少数民族起义并占领涪陵郡地，直到北周保定四年（564年）"蛮州"田思鹤"以地内附"，史称"地殁蛮僚"。涪陵郡被迫迁至汉平县。南齐（479—502）时复置涪陵、汉葭两县，属涪陵郡。北周保定四年废涪陵等县置奉州，不设县，属益州。建德三年（574年），废奉州置黔州，治今郁山镇。

隋行州（郡）、县两级制，黔州仍置。开皇十三年（593年）置彭水县，治今郁山镇，属黔州。原涪陵已迁至涪州（今涪陵区），今郁江时称彭水，县以江名。大业三年（607年）改黔州置黔安郡。大业十年（614年）析彭水县地置信安县（治今武隆县江口镇）。

唐增设道作为中央监督机构，彭水属江南道黔安郡。武德元年（618年），改黔安郡为黔州，治今彭水县城，析彭水地置石城县（天宝元年改名黔江县，即今黔江区）。次年，再析彭水地另置盈隆（治今润溪乡洋水桥）、洪杜（治今酉阳县龚滩镇）、相永（今贵州省境）、万资（今贵州省境）4县，同属黔州。贞观四年（630年），彭水县治移今汉葭镇县坝一带。贞观二十年（646年），分盈隆县地置都濡县（治今贵州省务川县濡水乡石桥子），先天元年（712年）因避唐皇李隆基讳改盈隆为盈川，天宝元年（742年）再改名洋水县。开元二十一年（733年），全国增为15道，分江南道西部置黔中道，治今彭水县城，彭水县改隶黔中道黔州。大顺元年（890年），赐黔州观察使号武秦军节度，彭水属之[1]。开元二十一年始，唐实行羁縻制，黔州领劳、福、犍等50个羁縻州，领地辖今渝、黔、鄂、桂接合部约30万平方公里，羁縻州委任土著首领。

五代仍属黔州、武泰军节度管辖。

宋初沿唐制。继改道为路，黔州仍置，彭水隶之。嘉祐八年（1063年），省都濡、信宁、洋水、洪社4县为镇入彭水，仍隶黔州。绍定元年（1228年），黔州升为绍庆府，辖彭水黔江2县，并领羁縻州49个。至元二十八年（1291年）绍庆府升为总管府，在今汉葭镇城南修筑石城，至顺元年（1330年）改称绍庆路，直到明代洪武四年（1371年）废置。

元设行省，省下设路府、州、县。彭水县仍隶绍庆府（路）。至元二十九年（1292年），置绍庆珍州南平等处沿边宣尉使司，治今彭水县城。至正四年（1344年）置绍庆府军民宣抚都总使司，仍治彭水县城，领6州20县152镇。

大夏承元制，彭水属绍庆路。

---

① 柯仲生. 彭水概况［M］. 四川：四川出版集团巴蜀书社. 2013年版，第88页.

明初仍袭元制。洪武四年（1371年）废绍庆府，彭水县改隶四川行省重庆府。次年，废黔江县入彭水。洪武十年，废武隆入彭水县，改隶涪州（治今涪陵区）。洪武十三、十四年，先后复置武隆县、黔江县。

清初划分全国为18个省，后调整为22个省，省下设道、府、县。顺治二年（1645年），彭水县复隶重庆府。雍正十二年（1734年），清政府实施"改土归流"，置黔彭军民厅，治今郁山镇，辖彭水、黔江、酉阳（时秀山属之）3县。乾隆元年（1736年）废黔彭军民厅置酉阳直隶州（治今酉阳县城），彭水改属该直隶州。

民国二年（1913年），彭水县属东川道。1927年改隶四川省长公署，第三年属四川省政府。1935年改隶四川省第八行督察区。

1949年10月1日中华人民共和国成立，11月16日彭水解放。1950年1月，属川东行署涪陵专区。1952年9月，属四川省涪陵专区。1968年6月，属四川省涪陵地区。1983年11月14日，国务院批准彭水县改建为彭水苗族土家族自治县，次年11月10日挂牌成立。1987年涪陵地区分设为涪陵、黔江两个地区，彭水自治县改属黔江地区。1997年6月，改属重庆直辖市，由黔江开发区代管至2000年。

世界苗乡的文化底蕴深厚，孕育了一代代优秀的苗族儿女，这种文化不仅是民族文化的传承，更是民族精神的传承。学校将苗族人的"不畏艰险、勇于创新"的民族精神作为学校育人的价值体现，为时代培养了一批又一批社会主义的建设者，这也是文化传承的一种体现。

二、地理空间的文化塑造

文化塑造是一种民族精神塑造，是一个民族文化内涵的重要体现，在世界苗乡也有着很深远的文化内涵的传承。

世界苗乡特殊的地理空间塑造了特殊的文化内涵，一是体现在苗族人坚韧不拔的性格塑造，由于历史的原因，苗族人一直处于战争、迁徙的历程，在这个历程中逐渐培养了苗族人吃苦耐劳、坚韧不拔的性格，这种性格代代相传，在现代苗族人的身上也能看到这一点。学校培养的学生到企业是最能吃苦的一批人、最能打硬仗的员工，这与学校长期坚持苗族人精神培养密不可分。二是体现在苗族人的创新精神，据《山海经》记载，苗族人是最早掌握冶炼技术的民族，是最早使用青铜的民族，苗族也是最早使用天文历法的民族之一，比如独创的信风历、候虫历、连山历、星象历等历法，还创造了八十四年历进制的

"苗甲子"①。这种创新精神在学校也得到了很好的体现，几年来，学校在民族文化的创新方面取得了长足的进步，原创了《绣》《祭》《遗风》等民族舞蹈，并在全国民族类展演中多次获得一等奖的好成绩。苗族蜡染、苗家刺绣、苗族剪纸等项目获得专利近 10 项，知识产权保护近 30 项。三是体现在民族文化的传承，苗族虽然没有自己的文字，但有自己的语言，从远古时代将这种语言一代代传承下来是何等艰难，近十万字的苗族史诗长卷《苗族古歌》就是用口口相传的形式一代一代传承到今天，《苗族古歌》记载了近万个神话故事，比如《开天辟地歌》《万物起源歌》《人类起源歌》② 等等，这些传说不仅仅是文化的传承，更多是一种民族精神的集中体现。学校在培养学生的过程中注重学生热爱国家、热爱民族、做好民族团结进步，热爱生活、积极向上、乐观豁达，这正是苗族人更好的民族文化的传承。

世界苗乡的劳动人民是一个热爱生活的民族，有自己的宗教信仰、民族服饰、文化艺术、民风民俗、民族节日等。苗族人为了教人向善，创造了特殊的祖先崇拜和神鬼文化，从这些文化中教会人们尊老爱幼、多做好事、孝敬父母等，这些与中华优秀传统一脉相承。《后汉书》中记载，"五溪，好五色衣裳"，说明了苗族人的服饰色彩丰富，据不完全统计，苗族服饰达 100 多种，是现存民族中服饰最多的民族，充分体现了苗族人民热爱生活、乐观向上的民族精神。学校在这方面开展了系列活动，开学三道作业，即为父母洗一次脚或做一顿饭，到母校看望自己的老师，为邻居做一件好事，积极引导学生向善尽孝，弘扬中华传统孝道文化。同时学校开展学生"六个一"素质工程，即会说苗语、会唱民歌、会跳民族舞蹈、会一项民族体育项目、会做民族美食、会一项民族传统技艺，在传承民族文化的同时树立民族自豪感，塑造特有的民族精神。

第二节　民族文化育人的文化空间

世界苗乡传统文化底蕴深厚，目前有 1000 余项非物质文化遗产，近 200 项进入了各级各类学校，近 8000 人参与学习，民族文化育人氛围非常浓厚。

---

① 黄胜利. 苗族常识［M］. 彭水职业教育中心校本教材，2019 年 8 月编写，第 76 页.
② 黄胜利. 苗族常识［M］. 彭水职业教育中心校本教材，2019 年 8 月编写，第 71 页.

一、世界苗乡的文化传统

彭水自治县民族传统文化发端于盐丹文化，成就于黔中文化。历史上，濮、蚩尤、九黎、驩兜、三苗后裔、蛮、僚、汉人①等，先后不断地迁入与迁出，多民族与多部落不断流动，造就了彭水丰富的民族文化内涵。

（一）世界苗乡的传统文化渊源

彭水境内曾栖居着以中华人文初祖蚩尤为首的九黎族群和巴人族群的先民，并分衍出苗蛮、廪君蛮、板楯蛮等诸多族系。东周秦汉以降，当地土著概称南夷或南蛮，包括武陵蛮、五溪蛮等，与陆续进入的华夏——汉族、僚族先民共同开发这片资源丰富的大地。唐宋以后，土著逐渐分衍形成苗族、土家族，加上前后陆续迁入的仡佬族、侗族、蒙古族等，形成汉族与苗族等众多少数民族大杂居、小聚居的族群地理格局，进而形成民族文化风俗百花竞放争艳的整体文化面貌。其民族文化主要资源点有鞍子罗家坨苗寨、梅子垭佛山寨、鹿角乡乱石坝苗族民居群、向家蒙古村、润溪樱桃井村、朗溪田湾村、龙塘双龙村、鞍子镇甘田村、黄家镇先锋村、绍庆阿依河村胡家湾、万足廖家村和棣棠黄泥村传统村落等。

多民族聚居杂居，加之悠久的历史沉淀，孕育生发了彭水多姿多彩的非物质文化，底蕴深厚，资源丰富。据调查梳理，迄今全县拥有非物质文化遗产项目1000余项，其中已成功申报列入国家级非物质文化遗产保护项目2项、国家级传统村落7个、中国少数民族特色村寨3个、市级非物质文化遗产保护项目35项，入选县级代表性名录项目245个、国家级旅游名镇名村1个，建立县级传习所8个、市级传承教育基地（学校）5所、生产性保护示范基地2处，国家级代表性传承人2人，市级代表性传承人31人，县级代表性传承人56名，县级"歌师傅"10名，常年非遗传习展演景区2处。

在琳琅满目的非物质文化遗产中，彭水民间音乐、民间戏剧、民间文学、民间技艺等项目在渝东南片区独具魅力影响。特别是鞍子苗歌已在全国拥有影响力，并继高山狮舞入选第三批国家非物质文化遗产保护名录之后，被列入第四批国家级非物质文化遗产保护名录，其代表性民族组合"阿依山娃"携苗族民歌《娇阿依》等，近年来参加全国各大活动赛事、媒体平台活动成绩斐然，声名大振。在传统工艺类项目方面，青瓦烧制技艺，技

---

① 蔡胜炽. 彭水苗族文化研究［M］. 四川：四川出版集团巴蜀书社，1999年出版，第33页.

术高超，沿用至今；普子火药制作源远流长，隶属四大发明；竹板桥村民沿袭古老的蔡伦造纸术，世誉"藏在深山里的蔡伦部落"，是研究中国"四大发明"的活化石；狮舞高台，精彩绝伦；铁炮火龙，飞龙盘旋，龙腾虎跃，火花四溅，彰显中国龙舞之霸气；传统戏剧，内容丰富；传统疗法，华佗传世。同时，彭水是一个地方美食丰富的地方，神豆腐和灰豆腐是客至彭水必尝的地方美味；非物质文化遗产传承与保护特色美食、宫廷佳肴鸡豆花与擀酥饼、三香、烧白、晶丝苕粉合称"郁山五绝"，大脚菌、洋芋饭、荞面豆花、酢肉、酸菜豆更是风味独特，嘟卷子、油钱、荞锅佬等小吃美不可言。这些丰富多彩的非物质传统文化和非物质文化遗产传承与保护文化，精彩纷呈，不胜枚举，期待进一步挖掘整理、保护与传承、开发与利用，为彭水文化和旅游的深度融合发展及生态保护试验区建设做出应有的贡献①。

目前彭水自主申报的国家级非物质文化遗产有两项，一是鞍子民歌，二是高台舞狮，正在开展传承的其他国家级非物质文化遗产有六项，包括苗族刺绣、苗族蜡染、扎染、苗族银饰、苗族剪纸、苗鼓。

（2）世界苗乡传统文化习俗

彭水作为苗族人口最多的自治县，有着各种各样的传统文化习俗，这些传统文化习俗为文化育人提供了良好的文化氛围。

蚩尤是苗族世代相传的祖先。彭水苗族先民最初有三支，一支在蚩尤部落涿鹿战败后，向南流徙，其中驩兜部落到彭水后，开发盐业，采丹，成为红苗的发祥地；一支来自湖南的盘瓠部落，其被东汉王朝镇压后，部分迁到彭水；一支来自巴国"属"中的"共人"，即板楯蛮中的龚姓。元明时期，彭水多次发生"赶苗（蛮）拓业"的事件，境内少数民族群众或迁居深山老林，或背井离乡，使得人口锐减，男女人口不足万人，出现了"十里无鸡鸣""百里无人烟"的悲惨景象。经过明代的"湖广填四川"及清朝招抚四川流民回原籍开垦，迁入了部分苗族后裔。迁入的苗族部分是原彭水"赶苗拓业"时迁出的，一部分是从江西、湖北、湖南迁入的三苗、九黎的后裔。但是由于他们对赶苗事件心有余悸，都讳言苗族，而自称汉族，习汉语，学汉文，着汉装，只在风俗上还保留一些苗族的传统。

苗族服饰。苗族服饰式样繁多，色彩艳丽。《后汉书》中就有五溪。五溪：今湘西及

---

① 黄胜利. 非物质文化遗产在学校的实践探索研究案例——以彭水苗族土家族为例 [J]. 教育论坛，2020. 9.

贵州、四川、湖北交界处，因此地有五条溪流而得名。古书中也有苗族"好五色衣裳"的记载；唐代大诗人杜甫也有"五溪衣裳共云天"的著名诗句。苗族妇女的服装有百多种样式，堪称中国民族服装之最。较有代表性的传统"盛装"，仅插在发髻上的头饰就有几十种。苗族妇女上身一般穿窄袖、大领、对襟短衣，下身穿百褶裙。衣裙或长可抵足，飘逸多姿，或短不及膝，婀娜动人。便装时则多在头上包头帕，上身大襟短衣，下身长裤，镶绣花边，系一幅绣花围腰，再加少许精致银饰衬托。苗族男子的装束比较简单，上装多为对襟短衣或右衽长衫，肩披织有几何图案的羊毛毡，头缠青色包头，小腿上缠裹绑腿。

苗族的饮食。苗族分布区域广阔，各地自然环境差异较大，因此农作物品种和人们的饮食习惯有所差别，但总体来说，苗族以大米、小麦、苞谷等为主食。苗族喜食酸味，制作的酸食有酸辣椒、酸菜、酸汤、酸汤鱼等。苗族还常以酒示敬，以酒传情，不同时间、地点、不同的对象，饮酒的礼俗也有所不同，如拦路酒、进门酒、双杯酒、交杯酒，不一而足，体现了苗族人民丰富多彩的酒文化。

苗族的节日。苗族的传统节日有苗年、四月八、龙舟节、吃新节、赶秋节等，其中以过苗年最为隆重。苗年相当于汉族的春节，一般在秋后举行。节日早晨，人们将做好的美味佳肴摆在火塘边的灶上祭祖，在牛鼻子上抹酒以示对其辛苦劳作一年的酬谢。入夜，盛装的青年男女跳起踩堂舞，村寨中响起铜鼓声，外村寨的男青年手提马灯，吹着芦笙、笛子来到村寨附近"游方"（男女青年的社交恋爱活动），村村寨寨歌声不断。

苗族龙舟节。龙舟节在每年农历五月二十四至二十七日举行，此时万人盛装，云集江边，参加龙舟出发前的献祭活动。比赛开始，几十条龙舟破浪前进，两岸锣鼓、礼炮齐鸣，观众呐喊惊天动地。岸上还举行对歌、跳芦笙舞等活动。入夜，余兴未尽，青年男女相聚对歌，倾诉真情。

苗族的歌舞。苗族人民能歌善舞。苗族的"飞歌"高亢嘹亮，极富感染力；舞蹈有芦笙舞、板凳舞、铜鼓舞等，以芦笙舞最为普遍。芦笙舞在正月十五、三月三、重阳节等节日及建房、丰收、迎亲等日子里跳，舞姿多重下肢变化。民间群众性芦笙舞一般由二至五名男子吹芦笙领舞，其他人围一圆圈踏乐而舞，场面壮观、气氛热烈。竞赛性的芦笙舞一般在节日或集会上由少数技巧较高的男女表演，一般二至四人，动作有大蹲、屈身乃至仰卧、倒立等高难动作，很受群众欢迎。

苗族的文学。彭水的苗族没有苗语传承和苗族文字的记载。在漫长的社会发展中，由苗族群众创作，在苗民中广泛流传的民间口头文学，是彭水苗族文学的主要部分，其体裁多样，不仅有民歌、情歌，还有传说、故事、谚语等。1984年，由苗民口述，收集出版了

《彭水民间传说》《彭水谚语》《彭水民歌》等。彭水民族音乐，在唐代就有记载，最原始的有劳动号子、打薅草锣鼓、青年男女传情达爱的盘歌、姑娘出嫁时的哭嫁歌、居丧的孝歌以及平时唱的山歌，最著名的苗歌是鞍子的《娇阿依》，已被批准列入国家级非物质文化遗产名录。宋代时，彭水盛行"红裳舞"。古时的彭水苗人以"跳月为婚"。跳月，即在春天农闲时，父母带成年未婚的子女来到野外，选一个开阔的平地，青年男女按男左女右分列两边，男青年将所蓄长发绾成髻，悬在前面，插上鸡毛，缠上苗帕，穿着长不过腰的袄子和短不过膝的裤子，裤袄之间用锦带束起来，手执芦笙；女青年发髻上也插鸡毛，一尺来长的簪子，一寸长的耳环，衣服裤子都绣花边，手执用竹片编成的绣笼，上面以红布装饰起来。跳月开始时，且歌且舞，歌声每尽一曲，后面以三叠慢音作结。跳舞时转腰回头，眉目传情。最后，男女青年大都选中了情人，男青年便背一个中意的女郎去山间幽会，女方大都解下身上的锦带作为信物，赠给男方。父母则在山头上用火烤事先射杀的野兽肉，用竹管吸食咂酒，谈笑取乐。现彭水民间常见的苗族舞蹈是跳花、龙舞、狮舞及甩手辑①。

苗族的宗教信仰。苗族的宗教信仰主要是原始宗教，重视拜山神、树神、猎神、雨神、火神等自然诸神，遇有暴风骤雨，要烧黄腊祭鬼；小孩生病，要拜献石头神；大人生病，要杀猪祭水井神，并取"灵水"治病；家有不幸，要"做牛鬼"，即"推牛还愿"，祈求神灵保佑。相信财神，并有"开财门祭"，祭条钉一方尺红布于门上，魔公呛咒，杀鸡献祭，以示求财。祖先崇拜在苗族中也很盛行，最大的祭祖节日是每年农历七月初七的月半；平时家人遇到认为不吉利的事，或做噩梦等，要杀鸡祭祖，并请魔公呛咒转达子孙对祖先神灵的祈求。部分苗族也信仰道教、佛教，崇奉观音、关帝、天王菩萨和盘瓠等神。近百年来，基督教、天主教传入彭水苗族地区，并在汉葭、郁山等地设教堂等教会组织，致使部分苗族信奉基督教和天主教。

苗族吊脚楼。木瓦结构的房子，大多为吊脚楼，即在楼下以木柱支撑木楼的建筑，这种建筑，以彭水最为普遍。彭水的吊脚楼（彭水人称为"虚楼"）可分为三种。一是在山坡上建房，把厢房或下厅伸出，为使厢房或下厅与正房在同一平面上以利居住，便在坎下或坡下以木柱支撑，上面住人，下面建猪牛栏圈或堆放柴草杂物。二是在平地建房，有些在正房一侧建猪牛栏圈，外支木柱，上面住人的。这种吊脚楼，一般比较矮小。三是有些集市，如解放前的老郁山，便建在一面陡坡上，一律以木柱支撑房屋，走马岭建在山梁

---

① 黄胜利. 苗族常识［M］. 彭水职业教育中心校本教材，2019 年 8 月编写，第122页.

上，右边便以木柱支撑房屋。民居的吊脚楼上，一面、两面或三面，有挑伸出，与悬柱相接，铺以楼板，装以栏杆。富裕之家，还在悬柱和挑上饰以木刻浮雕，栏杆也以吉祥图案装成①。

世界苗乡的传统民族文化习俗是劳动人民长期生活的结晶，体现了劳动人民的聪明智慧，学校深入调研这些传统民族民俗文化，深度挖掘文化内涵，一是加强民族精神的传承，二是加强民族技艺的传承，三是强化民族文化创新意识的培养。以民族文化为基础，培养民族文化的传承人和接班人。

二、文化空间的资源供给

文化空间指按照民间约定俗成的传统习惯，在固定的时间内举行各种民俗文化活动及仪式的特定场所，兼具时间性和空间性。文化资源是人类劳动创造的物质成果及其转化的一部分。世界苗乡的文化空间的资源丰富，无论是物质性的历史遗存、特色民居、民族服饰、民间工艺，还是非物质性的语言、文字、音乐、舞蹈、习俗、节庆等均在世界苗乡有着深厚的资源供给。前一节笔者对世界苗乡的文化资源做了详细的介绍，本节作者重点在学校文化育人方面的资源选择上做进一步的论述。

学校通过大量调研发现，世界苗乡的民族文化与全国各地民族文化一样，正在快速地消失，近二十年来，随着文化交流的速度加快和经济的高速发展，消失的速度呈几何级数上升，各级各类政府也在做大量的抢救性保护工作，比如将很多项目列入非物质文化遗产保护名录，但传承人日渐衰老，后继无人的现象并没有得到改观，相反随着最后一代传承人的相继离开，很多非物质文化遗产项目也相继消失，重新培养传承人的可能性几乎为零②。

学校与当地民族宗教委员会、文化和旅游委员会等部门通力合作，制订民族民间文化进校园方案，将苗语、苗族服饰、苗家刺绣、苗家蜡染、苗族剪纸、民歌、民族舞蹈、竹铃球、苗家菜、苗族银饰、苗鼓、射弩、民族健身操等具有很强民族特征并即将失传的非物质文化遗产项目引进学校，聘请民间大师、艺人，开展素质活动常态化、特色活动节日化、展示活动系列化、文化活动主题化"四化"特色活动，研发多门教学资源，开办民族工艺制作专业，深度与当地文化企业和旅游企业产教融合，逐步形成了"研—学—产—展

① 王希辉. 田野图志——重庆彭水少数民族非物质文化遗产考察. 西南交通大学出版社. [M] 2021 年. 第 78 页。
② 黄胜利. 非物质文化遗产在学校的实践探索研究案例——以彭水苗族土家族为例 [J]. 教育论坛, 2020. 9.

—销"一体化人才培养模式，完成了人才培养大讨论、文化育人深研究，育人目标与民族文化融合；通过打造民族文化专业集群，构建模块交互的课程体系，实施校园民族文化活动工程，育人载体与民族文化融合；通过实施立体大课堂、五维一体教学模式、1+N 师徒制，育人形式与民族文化融合；通过成立非遗联盟、民族文化公司、民族文化双创基地等，育人平台与民族文化融合的"四元融合"文化育人模式的构建，并在全国民族地区同级同类职业学校推广，取得了良好的效果。

（一）考察调研，制定民族民间文化进校园规划

自项目开展以来，各项目分别前往湖南、湖北、贵州、上海、北京、广东、河北、浙江、江苏、天津、重庆等十余省市考察学习。

为了做好民族民间文化的保护与传承，学校成立民族文化研究办公室，对我县少数民族民间文化现状进行调研，同时到全国各苗族聚居点全面考察学习。联合县文化委、县民宗委共同研究，查阅史料，并先后多次派遣教师深入民族民间文化特色乡镇、景点，通过实地察看、走访，确定保护与传承的内容。学校与民俗专家共同制订的《彭水县职业教育中心民族民间文化进校园方案》，确定苗语、剪纸、刺绣、蜡染、扎染、民族体育（射弩、竹铃球、民族健身操）、民歌、民舞为民族民间文化建设内容。

（二）引进非物质文化传承人，成立建设指导委会员开展指导工作

成立以非物质文化传承人为主的民族民间文化建设指导委员会，指导学校编写建设方案；建设《民族民间文化建设指导委员会章程》《民族民间文化建设指导委员会工作制度》《大师工作室管理办法》等制度，为民族民间文化与专业融合发展提供制度保障。

在民族民间文化进校园指导委员会指导下将民族民间文化项目编制进旅游、服装等专业人才培养方案，开发民族文化课程，开展教育教学工作并开展特色活动。

（三）开展民族民间文化与专业"五融合"

1. 民族民间文化与师资队伍融合。学校聘请向秀平、麻兴姐、李玉珍、石建群、廖元德、周亚辉等非物质文化传承人、工艺大师进入校园成立大师工作室并担任我校相关课程教师，承担我校"师徒"制教学中师父的角色，培养我校专业教师成为本行技艺传承人。聘请民族民间文化设计大师冯从容、田世雄、唐晓宇、熊伟创新设计民族文化产品，根据个性化需求专门定制设计产品。

派出我校专业教师到民族民俗文化特色区域采风,拜师学艺。先后派遣了 4 名舞蹈教师、2 名剪纸教师、3 名蜡染教师、5 名民族音乐教师、12 名体育教师分别到北京、河北、贵州、湖南、湖北等地进行民间技艺调研学习,提升教师个人业务水平。通过培养和吸纳名师,加强师资队伍建设,全面打造民族文化师资队伍。

2. 民族民间文化与实训实习环境融合。民族民间文化进校园项目新改建古筝、蜡染、刺绣、剪纸、装裱、民歌合唱、苗鼓、民族服装制作、跆拳道等民族民间文化类实训室 9 间,新购置实训设备达 60 余万元,用于学生实训。

新建民族文化展厅,收集民族民间文化作品、大师作品、学生优秀作品,用于保护传统民族民间文化,同时全校师生开阔视野,用于民族文化新传承人实习实训。

在蚩尤九黎城景区建立双创空间,用于民族文化学生实习,同时用于游客对民族文化的体验。

3. 民族民间文化与课程融合。学校根据不同专业特点,将苗语、剪纸、刺绣、蜡染、扎染、民族体育(射弩、竹铃球、民族健身操)、民歌、民舞选择性作为公共课,利用计算机专业学生计算机操作熟练和会使用设计软件的特点,在计算机专业开设剪纸设计课;服装专业选择蜡染、扎染、刺绣与服装设计相结合;旅游类专业选择苗语、民歌与旅游导游相结合;机械类与苗鼓、苗族舞蹈相结合;跆拳道专业、国防专业与民族体育项目(射弩、竹铃球、民族健身操)相结合。各专业部结合学校开设民族项目情况,选择适合开展的民族特色活动,培养民族民间文化技艺。

培养民族民间技艺新的传承人,学校与多位非物质文化遗产传承人合作,共同开发《彭水苗族土家族日常用语手册》《阿依风情导游操作实务》《苗家刺绣》《娇阿依民歌精选》教材;新改建刺绣、蜡染、剪纸、装裱、民歌合唱等实训室,以旅游、服装专业建设为载体,学校与大师共同制订教学计划,培养民族文化新的传承人。

4. 民族民间文化与企业和地方资源融合。学校打破传统的校企合作模式,构建地方政府、企业、学校多方参与的民族民间文化共同体。从建设示范校以来,我校与彭水县民宗委、县文化委、县文化馆、鞍子镇政府、湘西古歌百绘园文化传播有限公司、他蓝图时尚教育平台、九黎城文化传播有限公司等政府、企业共同打造了一个传承民族文化共同体,相互利用不同领域优势,通过不同途径宣传、保护民族民间文化,成为资源共享、共同发展的文化共同体。

政府部门在资金、资源方面向民族文化保护倾斜,县民宗委等部门在我校民族文化建设方面每年投入资金约 50 万元,加快推进了民族民间文化建设工作。县文化委、文化馆、鞍子镇政府为我校民族民间文化师资队伍建设提供了有力保障。湘西古歌文化传播有限公司、他蓝图时尚教育平台、九黎文化传播有限公司为学校民族文化推广提供了场地、宣传推广等方面的支持。同时，所有资源共建共享，共同推进民族文化传承与保护。

5. 民族民间文化与产品融合。学生作品即产品，学生在工艺大师指导下完成作品，学校民族文化办公室设计团队对学生作品进行专业化设计，通过大师和设计团队对产品进行验收，合格后交由学生成立的微型企业进行销售。

学校与他蓝图时尚教育平台、湘西古歌百绘园文化传播有限公司合作注册民族文化品牌"蓝绣汝享"，建立"汝享苗野原创品牌生活馆"，开发并经营服装、饰品、箱包、软装等系列延伸产品，进行线下销售，同时又依托该品牌建立服装设计大师工作室课堂，带动民族民间文化专业建设与课程体系，形成品牌式的人才培养方案和教学职场。

（四）创新开展民族民间文化活动

开展民族民间文化进校园项目以来，学校重视民族民间文化活动开展。一是活动节日化，将苗年、女儿节、龙华会、社公会等苗族土家族传统节日定为学校民族体育活动周、踩花山节、民族作品展示节、艺术活动周等节日。二是积极参加各种民族文化活动，每年组织全校师生参加彭水县蚩尤祭祀大典、万人民歌会、渝东南民族旅游生态保护节、渝洽会等。三是全面开展社团素质提升活动，将民歌、民舞、竹铃球、刺绣、剪纸、蜡染、射弩等列为学生社团素质课，全面开展民族民间文化进校园活动。

第四章 >> 民族文化育人的实践背景

党的十六大报告明确指出"必须把弘扬和培育民族精神作为文化建设极为重要的任务，纳入国民教育全过程，纳入精神文明建设全过程，使全体人民始终保持昂扬向上的精神状态"。民族精神教育内容广博而丰富，在学生中开展弘扬和培育民族精神教育必须高扬爱国主义旗帜，倡导一切有利于民族团结、祖国统一、人心凝聚的思想和精神；倡导一切有利于国家富强、社会进步、人民幸福的思想和精神；倡导一切用诚实劳动创造美好生活的思想和精神。①

第一节　民族文化育人的政策背景

一、民族团结与进步

民族团结进步工作是党和国家的一项重要战略部署。学校特别是民族地区的职业学校作为教育的主阵地，在促进和维护民族团结方面有着特殊的作用。国务院第五次全国民族团结进步表彰大会上明确指出："要落实好中央关于在各级各类学校广泛开展民族团结教育的决策部署，推动党的民族理论和民族政策、国家民族法律法规进课堂、进教材、进头脑，使我国各民族同呼吸、共命运、心连心的优良传统代代相传。"2010 年中央宣传部、中央统战部和国家民委联合下发《关于进一步开展民族团结进步创建活动的意见》（民委发〔2010〕13 号）指出，"把机关、企业、社区、乡镇、学校、寺庙等作为开展民族团结进步创建活动的主阵地、主渠道，通过创建活动，在全社会形成促进民族团结进步的良好氛围"。

作为职业教育的主要载体，中职学校肩负着培养德智体美全面发展社会主义事业建设

---

① 欧　彦. 传承中华民族精神构建"文化育人"教育网络［J］. 小学德育，2020（09）。

者和接班人的重要任务，是各族青年学子树立理想信念、增长本领才干这一过程的筑造者。① 民族地区职业学校担负着培养少数民族人才和服务少数民族地区经济社会发展的重大使命，然而培养人才需要打牢中华民族共同体意识。

首先，应以增强"四个认同"凝聚民族团结进步的思想文化力量。近年来，中央提出要增强全体人民对祖国的认同，对中华民族的认同，对中华文化的认同，对中国特色社会主义道路的认同。这"四个认同"为民族团结进步事业指明了方向。

其次，以增强文化理解与尊重构建民族团结进步良好的文化氛围。开展民族团结进步创建活动，要加强尊重、理解不同民族文化的宣传教育，引导各民族干部群众充分认识各民族的优秀文化，增强文化多样性理念，以认识增强理解，以理解促进尊重，以文化和谐促进社会和谐。

再次，在民族团结进步创建活动中实现文化惠民。在民族团结进步创建活动中建设民族文化，根本目的就在于满足人民日益增长的文化需要，提高全民族的素质。正如习近平总书记说的那样，"守好各民族美好的精神家园"。应当以民族团结进步创建活动为契机，加强公共文化服务体系建设，传承保护和发展创新民族文化，建立文化发展机制，搭建文化活动平台，创造活跃的文化氛围，以文化来展现和塑造民族形象，以文化来提升地方综合实力，打造地区名片。

二、文化传承与创新

2013 年，教育部、文化部、国家民委联合印发的《关于推进职业院校民族文化传承与创新工作的意见》（教职成〔2013〕2 号）中明确提出，要充分认识推进职业院校民族文化传承与创新的重要意义，即：一是充分认识推进职业院校民族文化传承与创新是发挥职业教育基础性作用，发展壮大中华文化的基本要求。文化是民族的血脉，是人民的精神家园。优秀民族文化是我国各民族共有的精神财富。职业教育作为国民教育的重要组成部分，是民族文化传承创新的重要载体。推进职业院校民族文化传承与创新，有利于促进教育思想和教育观念的转变，提高职业院校学生的文化品位、审美情趣、人文素养和技术技能，对于发挥职业教育在文化育人和文化传承创新中的基础作用，将民族文化的传承和发展融入国民教育，不断增强广大师生员工的文化自觉和文化自信，建设优秀传统文化传承体系，弘扬中华优秀传统文化具有重要意义。二是充分认识推进职业院校民族文化传承与

---

① 孙高昂. 高校构建民族团结进步教育常态化机制研究［J］. 湖北开放职业学院学报，2019（23）-0025—03.

创新是提高技术技能人才培养质量，服务民族产业发展的重要途径。我国人文历史悠久，文化资源丰富，民族特色浓郁，发展民族文化产业具有得天独厚的优势。推进职业院校民族文化传承与创新有助于加强职业教育专业建设和内涵发展，创新人才培养模式，加快发展现代职业教育，提高职业教育人才培养质量；有利于促进职业教育人才培养适应产业发展要求，提高相关人才技术技能水平，做大做强民族文化及其相关产业。这对于文化资源向文化资本转变、实现民族产业升级、提高民族特色产品的附加值、提升民族产业在国际市场上的竞争力将产生积极影响。

以邓小平理论、"三个代表"重要思想、科学发展观为指导，按照中央关于扎实推进社会主义文化强国建设的决策和部署，把推进职业院校民族文化传承与创新作为加快发展现代职业教育的重点工作，明确重点任务，改进工作方法，加强部门协调和组织保障，推动体制机制创新，不断提高职业院校民族文化传承创新能力。通过推进职业院校民族文化传承与创新，提高职业院校学生的民族文化素养，进一步提升学校服务社会主义文化发展的能力；创新人才培养模式，提高民族文化相关专业学生，特别是民族地区学生的职业技能，促进就业，提高就业质量；促进职业教育专业结构调整，优化专业布局，推动民族地区职业教育特色发展；推动职业教育与非物质文化遗产传承人才培养相结合；借民族文化之力，培养高素质技术技能人才，为民族特色产业、文化产业发展提供人才支撑。

三、传统文化进校园

习近平总书记在 2013 年 3 月中央党校建校 80 周年庆祝大会上说："中国传统文化博大精深，学习和掌握其中的各种思想精华，对树立正确的世界观、人生观、价值观很有益处。"青少年学生身心都处在成长发育时期，加强中华优秀传统文化教育，对于引导青少年学生树立正确的世界观、人生观、价值观，意义重大。按照教育部《完善中华优秀传统文化教育指导纲要》的要求，中华优秀传统文化教育应贯穿国民教育的整个过程：以幼儿、小学、中学教材为重点，构建中华文化课程和教材体系；全面提升中华优秀传统文化教育的师资队伍水平；着力增强中华优秀传统文化教育的多元支撑。

2017 年 1 月 25 日发布并实施的《关于实施中华优秀传统文化传承发展工程的意见》（简称《意见》）是中共中央办公厅、国务院办公厅为建设社会主义文化强国，增强国家文化软实力，实现中华民族伟大复兴的中国梦印发的文件。《意见》对如何实施中华优秀传统文化传承发展工程做出了具体要求，是指导性文件。

文化是民族的血脉，是人民的精神家园。文化自信是更基本、更深层、更持久的力量。中华文化独一无二的理念、智慧、气度、神韵，增添了中华民族和中国人民内心深处的自信和自豪。

中华优秀传统文化进校园要贯穿国民教育始终。围绕立德树人根本任务，遵循学生认知规律和教育教学规律，按照一体化、分学段、有序推进的原则，把中华优秀传统文化全方位融入思想道德教育、文化知识教育、艺术体育教育、社会实践教育各环节，贯穿于启蒙教育、基础教育、职业教育、高等教育、继续教育各领域。以幼儿、小学、中学教材为重点，构建中华文化课程和教材体系。编写中华文化幼儿读物，开展"少年传承中华传统美德"系列教育活动，创作系列绘本、童谣、儿歌、动画等。修订中小学道德与法治、语文、历史等课程教材。推动高校开设中华优秀传统文化必修课，在哲学社会科学及相关学科专业和课程中增加中华优秀传统文化的内容。加强中华优秀传统文化相关学科建设，重视保护和发展具有重要文化价值和传承意义的"绝学"、冷门学科。推进职业院校民族文化传承与创新示范专业点建设。丰富拓展校园文化，推进戏曲、书法、高雅艺术、传统体育等进校园，实施中华经典诵读工程，开设中华文化公开课，抓好传统文化教育成果展示活动。研究制定国民语言教育大纲，开展好国民语言教育。加强面向全体教师的中华文化教育培训，全面提升师资队伍水平。

第二节　民族文化育人的区域背景

民族文化与文化产业融合发展可以提升文化产业核心竞争力、实现文化产业可持续发展、增强民族凝聚力和认同感、推动区域民族经济的振兴。

一是促进区域民族文化旅游业。民族文化旅游，也可以叫作民族风情旅游或民俗旅游，是一种高层次的文化旅游。由于它满足了游客"求新、求异、求乐、求知"的心理需求，成为旅游行为和旅游开发的重要内容之一。二是促进了民族影视业发展，每个民族都有饶有兴味的历史与文化传统，深入挖掘地区个性鲜明、形态丰富的民族文化资源，制作具有地区民族文化内涵的影视作品。此外，还要借助各种途径，对地区民族特色鲜明的电影、电视节目进行精品包装和宣传推广，树立具有地区气派、地区风格、地区特色的民族知名品牌。三是促进了区域民族艺术文化业发展，绚烂多姿的民族文学艺术，是我国各个地区得天独厚的资源优势，为地区的演出业、音像出版业等提供了取之不尽、用之不竭的素材。四是促进了民族服饰业发展，服饰作为各个不同民族文化的物质载体，体现着不同的文化内涵。我国各族人民编织的服饰文化，现在成为中外服装设计师关注的热点。将民族文化融入地区的服饰产业中是大力弘扬民族文化使其焕发生机的有效方法。五是促进了区域民族餐饮业发展，民族饮食文化是人类饮食文化的"活化石"，也是中国饮食文化的重要而特殊的组成部分和世界饮食文化的瑰宝。①

一、推进旅游强县的现实需求

彭水苗族土家族自治县属少数民族集聚区，是乌江下游"绿色生态屏障"和中国武陵山区生物多样性关键区域重要组成部分，也是国家优质水资源战略储备库的重要水源地，在乌江下游和武陵山区有着重要的生态地位。县第十四次党代会县委工作报告指出：到2020年，要全面建成生态特色宜居城、生态旅游目的地、生态产业发展区、生态文明示范县，全面建成小康社会。

彭水苗族土家族自治县一直以生态旅游作为发展之路，"世界苗乡、养心彭水"，立足地方少数民族特色，彭水县荣列全国旅游综合实力百强县，阿依河获评国家5A级旅游景区，旅游客源市场拓展到15个国家和地区，全年接待游客3028万人次、增长19.7%，实现旅游综合收入150亿元，增长34.2%。阿依河、摩围山、乌江画廊等精品景区提档升级，全县20个乡村旅游休闲基地游客盈门。近年来，彭水县把旅游产业与精准扶贫紧密挂钩，以"旅游+"融合发展为抓手，挖潜力、探路径、善创新，把旅游扶贫做实做细，让"风景"变成产业、将"美丽"转化为生产力，助力经济转型升级，旅游产业的带动效应日益显现，贫困人口通过发展旅游、参与旅游实现稳定脱贫致富，走出了一条旅游产业扶贫的新路子。依托生态、山水、文化等旅游资源优势，大力发展乡村生态旅游，不仅为游客奉上了一道道旅游"大餐"，也使乡村旅游成为当地经济新的增长点，更为当地群众打开了脱贫致富的大门，上演了一出旅游扶贫的"大戏"②。政府工作报告提出，做靓民族生态旅游，始终把生态旅游作为第一支柱产业，进一步做深规划、做优景区、做靓品牌、做精线路、做活营销、做大产业、做强队伍、做细服务，加大文创产品开发力度、加大市场化运作力度，推动文旅、农旅、城旅融合发展，力促数字经济与文旅产业深度融合，把彭水打造成渝东南武陵山区民俗风情生态旅游示范区和乌江画廊旅游示范带的集散中心。全县游客接待量达到3300万人次，过夜游客超过700万人次，全年旅游综合收入达165亿元。

---

① 易兴翠. 浅谈彭水县落实生态文明建设战略部署的措施 [N]. 科学与财富：298.
② 周小东. 论发展彭水文化产业 [C]：02—10.

二、落实文化强县的战略需要

2012年3月3日，彭水召开十七届六中全会精神加快推进"文化兴县"的战略的决定。县委、县政府确定，深入挖掘保护本土民族文化资源，打造彭水民歌、民间吹打、民间戏剧、民间舞蹈、民间习俗等特色民族文艺项目，开发"彭水乌江奇石"、山水盆景、民间石刻等一批独具特色的工艺项目。大力研究、宣传黔中文化，将其打造成全国知名文化品牌。编制完成非物质文化遗产和文化保护规划，加快建设非物质文化遗产传习所、罗家坨特色村寨、彭水民族风情一条街和民俗主题公园，加快推进民族文化生态保护区建设。同时，整理复建历史古迹。制订历史古迹复建方案，加紧对红三军司令部、红军渡、诸佛寺等历史古迹实施复建。推进郁山古镇开发和苗王城综合开发。加强对古遗址、古墓葬、古建筑、石刻、近现代重要史迹及代表性建筑进行抢救保护。还将重点推进文化建设，深入实施"五个一"工程，即拍摄一部反映彭水历史文化的电视剧，组建一个民族艺术团，编制一台具有浓郁地方特色的剧目，创作一批文艺精品，培养一批高素质文艺人才，建设两江四岸文化长廊，努力把彭水打造成"文化繁荣之城"。

第一，尊重自然，顺应自然，保护自然，将生态环境保护作为发展的底线。任何背离自然环境规律、超出生态承载能力的人口和产业布局，必将造成严重的生态破坏并遭到自然的报复。应筑牢生态安全屏障，构建以乌江、郁江、普子河、诸佛江四大主要水系生态带和摩围山、七曜山两大山脉生态屏障建设为主体，以交通廊道、城市绿地为补充的生态格局。第二，实施生态红线划定与重点生态功能区建设工程，森林、草原、江河、海洋、湿地在人类诞生之前就已经存在，是自然最重要的功能单位，要完善制定实施生态保护和利用规划；要坚守耕地、林地、森林"三条生态红线"，对稀缺空间资源实行强制性保护，严格保护好森林、绿地、水体、湿地、草坡、自然景区、自然保护区等生态系统，保护关键的生物栖息地，同时加强摩围山国家森林公园、重庆彭水乌江国家湿地公园和重庆彭水乌江-长溪河鱼类市级自然保护区建设。第三，全面落实产业准入政策，发展壮大生态绿色产业。彭水发展要全面落实产业准入政策和禁投清单，严格执行环保、投资强度、资本密集度、增加值水耗、增加值电耗等各项产业准入约束性指标，禁止布局资源环境超载的产业项目，限制发展易破坏生态植被的采矿业、建材等工业项目，发展壮大有一定基础又与生态环境相适宜的生态旅游业、生态农业、生态工业等生态绿色产业，增强生态产品生产能力。第四，积极推动节能减排，加快调整能源结构。构建低碳能源体系，逐步淘汰高能耗高排放落后产能，加大天然气、页岩气、生物质能源、太阳能等高效清洁环保产能使用的比例。全面促进资源节约循环高效使用。加强土地集约利用，严格推行开发强度核准，盘活存量建设用地、清理闲置土地，大力推进农村土地整治特别是建设用地复垦。加大节能减排力度。开展重点用能单位节能行动，促进节能运输装备广泛利用。强化工业节能，推进高耗能行业企业节能改造优化工程，开展节能技术装备产业化示范，着力实施煤矿技改项目、全县矿产资源开发小型企业整合提升工程。第五，加快绿色发展技术创新，绿色发展需要绿色技术支撑，绿色技术创新成为重要的驱动源泉。解决资源环境问题从根本上要依靠科技进步，要通过科技进步减少人类活动对资源、环境的压力，实现经济社会的可持续发展。要全方位整合现有绿色创新要素，建立面向人才、研发、产品、市场的绿色支撑体系，形成围绕绿色经济、绿色发展，集聚、释放创新潜能和活力的联动体系，让创新驱动在绿色转型中成为持久的推动力。第六，引导城乡居民生活方式绿色化，要广泛开展绿色生活行动，着力引导城乡居民在衣、食、住、行、游等方面加快向勤俭节约、绿色低碳、文明健康的方式转变，坚决抵制和反对享乐主义、奢靡之风，引导居民合理适度消费。促进生活方式绿色化，时时可做、处处可为。具体表现在推广绿色服装、提倡绿色饮食、鼓励绿色居住、普及绿色出行、发展绿色旅游，抵制和反对各种形式的奢侈浪费、不合理消费。

三、实现文旅产业的融合发展

第一，适度开发，注重保护。发展民俗文化旅游，必须因地制宜，科学规划，合理布局。必须在充分尊重当地群众的生活习俗、尊重文化传统属性的基础上进行文化与旅游的重构、创新和融合。为了让彭水众多传统民间文化得以继承和发展，职能部门可以充分利用县职教中心的教育平台，开设传统民俗文化技艺专业及培训课程。让更多的人了解并爱上彭水优秀的传统民间文化，让更多人继承和发扬彭水优秀的传统民间文化。广泛发动彭水各界人士学习优秀的彭水民俗文化，让每一位彭水人都成为彭水民俗文化的宣传者与继承者。

第二，深挖资源，有机融合。要实现文化与旅游的有机融合，必须深入发掘和研究历史文化、民俗文化，寻找文化与旅游之间的融合点。蚩尤九黎城有效融入苗家建筑风格，是彭水文旅融合的典范。各地结合自身实际，开发提高游客参与度的旅游项目。如彭水传统刺绣、传统的民间编制技艺、传统吹打技艺等体验项目，让游客充分体验、创造，增强参与度和体验感，提升传统文化的感染力。大力开发了民俗旅游产品，如苗家鞋垫、苗家刺绣、苗家编制工艺品等，延长民俗旅游产业链，增强旅游吸引力。广泛使用彭水民俗文化标识，提升彭水民俗旅游识别感，让每一个来彭水旅游的人都成为彭水民俗文化旅游的"代言人"，增强彭水民俗文化旅游的知名度与影响力。

第三，科学布局，差异发展。近年来，各地景区旅游项目、旅游产品的同质化现象越来越突出。"看景不如听景，相见不如怀念"，大同小异的旅游线路、千篇一律的风景，导致游客审美疲劳。因此，彭水在实现民俗文化与旅游产业深度融合过程中，要立足生态保护发展区功能定位和旅游资源空间差异，围绕"老城、新城、蚩尤九黎城"三城驱动，优化全县"一线四区"旅游产业，科学布局，以旅游产业规划、产业链条开发、文化拓展为主要抓手，充分抓住旅客个性化、定制化的旅游需求，深挖特色，彰显个性。如在郁山古镇开发中，充分融入盐丹文化，适度复原制盐和炼丹场景，增设游客体验环节，增强游客对传统文化的直观感受；着力开发郁山井盐等旅游产品，不仅能让游客感受千年盐丹文化、体验制盐工艺，还能让游客带走文化旅游产品。

第四，创新机制，吸引人才。文旅融合发展过程中，牢固树立"人才第一"的理念。加快体制机制建设，制定人才引进优惠政策吸引外来专业性较强、素质较高的人才，让更多的高层次优秀人才投身彭水旅游建设。加大现有旅游从业人员的培养力度，多渠道、多形式、多层次地对现有人员开展针对性培训，着重加强对彭水民俗文化的深入培训，着力提高从业人员业务素质和服务水平。加强和高校、民族院校的合作，定向教育和培养民俗旅游相关人才。大胆起用有志于发扬本地区民俗文化的本土人才，特别是老一辈民间艺人，在政策上给予支持，确保彭水悠久的民俗文化有人才传承和发扬。

第五，完善设施，提升形象。必须加快蚩尤九黎城二期工程建设，尽快建成旅游集散地，完善相关配套设施建设。加快大摩围山旅游环线建设，连接对应乡村民俗旅游点，形成特色民俗文化旅游带。尽快拓宽鞍子苗寨旅游道路，充分开发当地民俗旅游资源。加强乡村民俗旅游示范建设，相关职能部门尽快制定和完善民俗旅游服务标准，提高民俗旅游接待水平。加大对农家乐从业人员培训力度，确保旅游服务水平提升；加大乡村治理力度，特别是针对发展民俗旅游的村社，切实解决部分乡村脏、乱、差的现状，确保旅游整体形象全面提升。加快推进"智慧旅游"建设，建设全域旅游数据库，实现旅游信息互联互通、信息共享，为旅客提供全方位的旅游信息咨询和服务。文旅融合发展是彭水建成生态旅游目的地的重要途径。[①]

---

① 任小东，高才华. 加快彭水县文旅融合发展的建议 [J]. 经济发展研究，2017 年 8 月下半月刊：154—155.

第三节 民族文化育人的校本背景

党的十九大报告提出，"要深入挖掘中华优秀传统文化蕴含的思想观念、人文精神、道德规范，结合时代要求继承创新，让中华文化展现出永久魅力和时代风采"。少数民族文化作为中华优秀传统文化的重要组成部分，其中蕴藏的丰富文化精粹具有强大的生命力和巨大的感召力，尤其是蕴含其中的德育资源，能够为现代学校德育提供诸多启示，助力德育实效性的提高。学校作为道德教育的重要场域，以校本课程为载体对少数民族文化中孕育的道德资源进行有效开发，不仅有利于拓宽学校德育的途径，提高德育的实效，还有助于少数民族优秀传统文化的传承与发扬，实现文化的再生产与再繁荣。充分利用校本课程这个重要载体，深入发掘少数民族文化中孕育的德育精髓，对于提高学校德育的实效性具有重要意义。

一、学校特色发展的战略思考

彭水苗族土家族自治县职业教育中心是一所公办中等职业学校，重庆市重点中等职业学校，重庆市改革发展示范校，重庆市高水平中等职业学校在建项目学校。面对新时代职业教育发展新形势，学校立足地方经济建设，创新发展理念，深化"12345"发展理念，即围绕重庆一流、全国有影响力、世界有交流合作的民族特色现代化中等职业学校目标，抓好高考班级和就业班级建设，实施"规模战略、品牌战略、产教融合战略"三大战略目标，夯实"质量立校、管理强校、特色兴校、产业富校"四大支撑，做靓"美丽校园、德育管理、技能高考、特色活动、信息技术"五张名片，提升了学校美誉度和影响力，先后荣获彭水县教育教学先进集体、重庆市教育系统先进集体、重庆市人民政府教学成果二等奖、重庆市民族团结进步模范先进集体、教育部国防教育特色学校等称号。强化办学特色，以彭水县区域特色和市场岗位需求为基础，科学布局，开设特色专业，将刺绣、剪纸、扎染、蜡染、民族舞蹈、苗鼓舞、民歌等固化为学校特色课程，聘大师、建基地、办企业、搭电商平台、成立非遗产教联盟，传承民族民间技艺，建立民族文化产业链，加强学生作品及学校办学特色的推广，学校先后荣获重庆市非物质文化遗产传承教育基地、重庆市少数民族传统文化传承基地、重庆市民族教育特色学校、重庆市校园文化百强学校等荣誉称号。民族民间文化技艺传承是学校示范校建设特色项目，将苗族传统文化技艺引入校园，聘请非物质文化遗产传承大师进校授课，将刺绣、剪纸、蜡染、扎染等民间技艺纳入学校旅游专业特色课程，目前正在筹划产业化发展。

二、服务区域经济的功能定位

区域职业教育的发展与区域经济发展的关系十分密切。经济发展水平的高低决定着职业教育的发展速度和规模。而区域经济的协调发展同样迫切需要教育提供强有力的人才和智力支撑。我国是一个区域经济发展极不平衡的国家。由于庞大的人员基数和城乡经济发展的差距，使农村职业教育成为我国职业教育的难点和重点。大力发展农村职业教育是有效推动农村与城市经济协调发展、促进我国整体区域经济和谐共进的重要环节。县级职业教育中心承担着农村劳动力转移培训服务、建设社会主义新农村服务两大任务。2005年，《国务院关于大力发展职业教育的决定》中，第十四条明确指出：加强县级职教中心建设，使其成为人力资源开发、农村劳动力转移、技术培训与推广、扶贫开发和普及高中阶段教育的重要基地。因此，可以说县级职教中心对区域经济发展的人力资源保障有着重要的作用。

县级职教中心在农村职业教育和区域经济发展中的作用体现在如下方面：一是为县域经济发展人才提供平台。县域经济是国民经济的重要组成部分，发展壮大县域经济是统筹城乡协调发展、解决"三农"问题、全面建设小康社会的重大战略举措。目前，我国农村人口素质偏低，在经济结构调整和产业结构升级的大背景下，必须把庞大的农村低素质人口负担转换成人力资源优势。县域经济的快速发展更离不开大批高素质劳动者和中初级技术人才的支撑。县级职教中心要为人力资源基础建设提供充足的教育与培训供给，培养掌握农业技能和农业科技的新型农民。还要向城市转移农村劳动力提供先期的技术培训及返乡农民工的创业培训。因此，加快县级职教中心发展、增强实用人才的培养能力，对于促进县域经济结构调整、保障农村经济社会持续发展具有十分重要的意义和作用。二是县级职教中心为农村剩余劳动力转移和输出提供了培训场所。提高我国农村剩余劳动力的文化素质和技能水平，从而有效地促进农村剩余劳动力转移，是我国农村职业教育的重要任务之一。近年来，农村劳动力向城市转移的趋势日趋明显。据统计，我国每年农村转移人口达1000多万。要实现农村劳动力的有序转移，必须由农村职业教育提供大量的教育培训支持，缓解城市教育培训的相对不足。县级职教中心为农村劳动力转移提供更多的机会，并提高农村劳动力转移后的职业稳定性。目前，我国农村劳动力综合素质普遍偏低，缺乏必要的专业技能，这种状况制约了农村剩余劳动力转移的规模和速度，也制约了农村劳动力转移后的就业选择。大批农村剩余劳动力向城市转移，要寻求工作岗位，增强就业竞争力，扩大就业选择面，就必须接受系统的职业教育和技术培训，掌握在城市就业所需要的一技之长。县级职教中心开展劳动力转移、农村实用技术、农村基层干部素质培训，培养农村科技骨干和致富带头人，形成为"三农"服务的信息采集发布网络，引导农民走市场化、产业化经营的路子，有针对性地向非农产业转移。同时，为适应当今社会经济发展的需求，县级职教中心还可通过开展联合办学实现教育资源互补，为加快农村劳动力转移开辟一条新路。从我国现实国情出发，统筹城乡发展，解决"三农"问题。必须加快中等职业教育发展，通过建设和发展县级职教中心，提高农村劳动力的知识水平，培养大批掌握现代农业科学技术的农民，促进农村劳动力向非农产业和城镇有序转移。三是县级职教中心是农村职业教育的主阵地。县级职教中心作为县域内唯一的中等职业教育机构，具有区域性、综合性、示范性、开放性的特点，是农村职业教育的主要阵地和高中阶段教育的重要组成部分，在新农村建设中肩负着重要的历史使命。加大农业结构调整力度，突出发展高效农业和外向农业，必须高度重视农业实用技术普及。充分利用县级职教中心的资源，加强农科教结合示范基地建设，广泛开展形式多样的先进实用技术培训，从而更好地为农业产业化和发展现代农业服务。同时，根据农村实际和农民需要，县级职教中心配合当地农业现代化项目的实施，积极引进和开发农村科技致富示范项目，促进农民脱贫致富，从而加快推进农业现代化进程。

三、培养本土人才的内在要求

要帮助贫困地区群众提高身体素质、文化素质、就业能力，努力阻止因病致贫、因病返贫，打开孩子们通过学习成长、青壮年通过多渠道就业改变命运的扎实通道，坚决阻止贫困现象代际传递。脱贫攻坚，职业教育任重而道远。伴随脱贫攻坚的号角声，砥砺前行、开拓进取的重庆市彭水职业教育中心全面贯彻落实国家、重庆市及彭水县关于脱贫攻坚工作的决策部署，充分发挥职业教育对精准扶贫的先导性、基础性、根本性作用，把职业教育扶贫手段和其他扶贫政策有机结合，创新职业教育精准扶贫开发模式，以"敢教日月换新天"的气概、"咬定青山不放松"的韧劲、"不破楼兰终不还"的精神，凝心聚力打造"精准资助""精准培养""文化振兴"三把精准扶贫的"金钥匙"，开启了一批批学子成长、成才、成功的大门，点亮了一个个贫困家庭脱贫致富的希望之光。

第一，精准资助全覆盖，助力每个学生"有学上、上好学"，"精准资助是发挥学生资助资金效益最大化的有力途径，是落实好国家学生资助政策的基本要求，也是促进教育公平公正的重要方式。"彭水职教中心校长赵学斌说。如何使精准资助做于细、落于实？该校深刻理解"精准化"内涵，日益健全教育扶贫和学生资助工作规章制度，构建减免学费、设立奖助学金、生活补贴、勤工俭学补贴等多种形式有机结合的多层次资助政策体系，做到"应助尽助、应补尽补"，实现对家庭经济困难学生资助全覆盖、无遗漏，为贫困学生完成学业保驾护航。与此同时，该校挖掘校内资源，为特困生提供各类勤工俭学岗位，让贫困生利用课余时间通过劳动取得报酬，改善就读期间的学习和生活条件。目前，该校在勤工俭学补贴方面的资助金额达到 10 万元以上。学校还加强职业教育内外部衔接，搭建起纵向到底、横向到边的职业教育"立交桥"。近三年，该校对口升入高等院校的学生数超过 800 人。以政策为导向、以思考为核心、以实施为引领，彭水职教中心不断拓宽思路，将"育人"作为"资助"的根本方向，推动一系列精准资助举措，实施"不漏一户、不余一项、不落一人"，促进了精准扶贫工作更精细、更有效、更科学地推进，为打赢脱贫攻坚战注入了强大动力。

第二，精准培养多维度，实现"就业一人，脱贫一家"。"一技学在身，不愁不脱贫。"彭水职教中心毕业生经过职业技能学习、深造，都能以踏实勤奋的精神品质、精湛纯熟的业务水平、不畏困难的行为作风、敢于拼搏的坚定姿态，在各自的工作岗位上绽放光彩，并且相当一部分毕业生已经成为企业的顶梁柱。通过稳定就业、踏实创业，不少学生宜商则商、宜工则工，成为致富能手，带领自己的家庭脱贫致富，迈向小康。学校把"职业扶贫"作为新时期扶贫工作的重要抓手，历来都十分注重与行业企业的深度交流合作，着力推行工学交替、校企合作、订单培养、顶岗实习等多渠道、多维度职业教育人才培养模式，践行"以就业为导向，以学生为中心，以能力为本位，以服务为宗旨"的办学方向，以做大做优做强职业教育品牌，不断提升办学水平和人才培养能力，使毕业生带着技术进市场、掌握技能上岗位，确保产业、专业与脱贫三者协同推进。学校已合作企业达到 30 多家，学生就业主要面向长安汽车、海尔集团、洲际酒店等具有良好发展前景的大中型企业。从精准定位、靶向施策、持续追踪出发，该校在近三年解决学生就业 8000 余人，实现高端就业，薪酬工资均在 5000 元/月，有效助推贫困户脱贫 1316 户，贫困毕业生带动家庭由此迈向就业致富快车道。学校自 2016 年起，借助国家启程计划扶贫项目，依托服装专业，采用"两地培育、分段学习、综合考核"的形式，展开深入的校企合作，培养能工巧匠，给贫困毕业生创造更多外派就业机会。学生学习毕业后到日本工作三年，回国时可实现纯收入 25 万元以上，目前，已培养了 19 名出国研修学生，让贫困家庭子女不仅有业可就，而且能够扩展国际视野，从而为今后回国开启新的人生旅程奠定良好的基础。这一举措打开了深造、就业相贯通的职教精准扶贫新境界。

第三，立足特色谋创新，开辟民族文化振兴的新途径。学校与蚩尤九黎城文化发展有限公司建立双创基地，为不少毕业生提供就业平台，毕业生们协同企业专业人士一同创新民族工艺产品，实现线上线下联动，形成产、学、研、销深度一体的模式，推动基地年收入达20万元以上，推广了旅游文化发展。"苗族、土家族有着丰富而独特的民族文化，发挥少数民族贫困地区的文化遗产优势，加强学校与企业的深度合作，培养民族文化传承人，推动民族传统工艺的传承和转化，是振兴民族文化的致力方向。"校长赵学斌说。近几年，按照"教育脱贫一批"的要求，围绕彭水县打造旅游强县的部署，彭水职教中心基于地方丰富的旅游资源，紧贴市场、紧贴产业，调整优化专业设置，将旅游资源与少数民族民间文化进行融合，打造具有地方特色、民族文化特质的旅游服务与管理专业，增强扶贫脱困效应，为彭水县民族民俗旅游经济可持续发展提供强有力的人才保障。为让一切工作的运行"行之有度，制之有衡"，学校首先建设了《民族民间文化建设指导委员会章程》《民族民间文化建设指导委员会工作制度》《大师工作室管理办法》等规章制度，为民族民间文化与专业融合发展提供了有依据的制度保障。

职业教育是地方产业发展的助推器。学校紧贴区域经济社会发展培养急需人才的重头戏是：通过民族民间文化与师资队伍融合，民族民间文化与实训实习环境融合，民族民间文化与课程融合，民族民间文化与企业和地方资源融合，民族民间文化与产品融合，构建文化推动型扶贫开发模式。比如，学校将苗家刺绣、印染（蜡染、扎染）、民族体育、民族歌舞等颇具民族特色的项目编纂形成课程，与向秀平、麻兴姐、李玉珍等多位非物质文化传承人通力合作，将他们引入学校专门授课，成立大师工作室，并共同开发《阿依风情导游操作实务》《苗家刺绣》《娇阿依民歌精选》等教材，现在已经培养了15名新的民族文化传承人……促进了民族传统文化传承和文化产业发展共生。彭水职教中心依据地方资源，挖掘、探索文化、旅游、教育、扶贫四者的优势和特点，采用多种方式培养具有扎实理论知识和精湛专业技能、富有创新精神的旅游新生力量，让民族文化的传承、振兴与学校持续发展彼此成就，取得双赢。

第五章 >> 学校育人目标与民族文化融合

民族文化不仅包含明确的文化价值取向，还凝聚着特有的民族智慧和力量。因此，学校教育推动民族文化传承创新，将育人目标与民族文化传承创新融合，可以让学生认识民族文化、增强民族精神、研习民族技艺，还能在学习和传承中，感受这恢宏深厚的民族文化精神力量，孕育不屈不挠、团结奋进、勇往直前的意志和品质，磨炼成才的毅力和灵感，帮助学生克服人生道路上可能面临的各种精神压力。本章将从民族文化育人的人文价值、社会价值、应用价值等三个方面阐释民族文化育人的价值取向，将育人目标与认知、能力、素养三方面相结合，构建育人目标体系。

第一节　民族文化育人的价值取向

民族文化对中职学生的价值取向产生着潜移默化的影响，发挥着文化育人的重要作用。民族文化与校园文化在功能和特点上都有着许多契合点，两者的融合将更好地发挥文化育人的作用。在校园中展现中华民族文化的魅力，不仅能够增强师生的文化认同感和民族自信心，而且能够有利于传承和发展中华民族文化与进一步推动校园人文建设，从而真正走出以民族性与时代性结合的继承发展之路。

一、人文价值——用民族文化引领师生幸福成长

民族文化有宝贵的育人价值，是教育人、培养人、塑造人的宝贵资源，发挥学校教育优势，让民族文化的人文价值得以真正体现，引领师生在浓郁的民族文化校园氛围中幸福成长。学校将民族文化与校园文化建设相结合，最大限度地发挥民族文化在校园里的育人价值。将当地的民族文化融入校园、引进课堂，可以使师生沐浴在民族文化中。让师生能更多地看到自己的闪光点，对学习和生活更加充满热情。增进师生对民族文化认同感，激

发师生的爱国情感。将民族文化的传承创新引入学校教育中来，对学生进行中华民族优秀传统文化教育，可以提升对民族文化的认同，培育学生热爱祖国、勤劳勇敢、自强不息的民族精神，使学生学习中华优秀民族文化，增强学生对中华民族的自信心和自豪感。从学习民族文化入手，培养具有科学的世界观、人生观和爱国主义、集体主义思想以及良好职业道德和行为规范的职教学生，培养"展民族精神、会民族技艺、懂民族知识"的职教人才，在此过程中进一步坚定和激发学生的爱国热情。随着当前全球化和现代化的发展进程加快，一些民族文化中的传统精华在现代化的浪潮中被遗忘和衰退，民族文化传承也遭受着巨大的危机。发挥民族文化的育人价值，使师生了解自己和其他的民族文化与历史，使师生从中得到美的享受，加深对本民族文化的了解和学习的热情，增强民族文化的认同感和兴趣度，提高对文化艺术的鉴赏品位。

二、社会价值——肩负民族文化传承与创新的使命

民族文化是本民族的社会成员基于特定的自然地理生态场域所创造出的一种特殊的文化形式，民族文化的传承与发展是一个民族发展的核心。① 文化人类学者认为教育是一种社会文化的传承方式和渠道，文化可以通过教育进行选择、继承和创造。民族文化的社会价值还肩负着文化传承与创新的使命。中华民族是由 56 个民族组成的自觉的民族实体，其基本特征是多元一体，主要体现在中华民族是由许多民族单位，经过长期过程，形成的一个"你来我去，我来你去，我中有你，你中有我"的各具特色又集中统一的精神格局。② 因此民族精神是保持民族自信的源泉和基础，是促进民族发展和进步的基本动力。职教生民族精神教育是促进学生民族精神发展的教育活动，更是强化学生在未来职业生涯中对民族精神认同和践行的重要手段。加强职教生民族精神需要引起全社会的关注和投入，发挥学校、家庭、企业三方面的力量，联结职教精神教育脉络。结合职教学生的实际需求，全校教师都应在自己所任的课程中，挖掘和发现具有民族精神的教育因素，达到既教书又育人。让学生能在学校里通过课堂、活动、环境，经常接触和感悟民族精神，从而影响家庭成员。学生进企业就业工作，也能展现民族精神，增强文化自信，坚定努力工作的信心，增强报效祖国的社会责任感。少数民族地区学校在现代化的冲击下，对外来强势文化缺乏理性态度，使得学生对本民族文化的认识和兴趣日渐减少。因此，加强民族文化

---

① 赵娜. 民族文化进校园研究综述 [J]. 教育文化论坛, 2017 (04)：116.
② 刘占勇. 民族文化进校园实践路径及系统性分析——基于对湖北省"十佳示范学校"的研究 [J]. 民族论坛. 2017 (6)：66.

的学习，对学生进行民族文化的常识和道德教育，能够让学生感同身受地树立起对本民族知识和文化感性而深刻的认识，从而从民族文化里汲取更多的精神营养，增强他们的民族自信心和自豪感，促进他们民族认同感的形成。

三、应用价值——基于民族文化育人实现学校特色发展

学校特色是一所学校的整体办学思路或在各项工作中表现出的与众不同之处。将学校的育人环境与育人模式民族化、特色化，可以不同程度地打造出学校的特色和知名度，从而实现学校特色发展。发挥民族文化教学资源优势，增强校园民族文化氛围。

洛克的"白板说"说明了学生的培养是可以通过人为、环境进行影响的，因此要想民族文化得到更好的传承和创新，必须依靠学校教育，设立育人目标。学生思维活跃、精力充沛、想象力创造力具有很大的潜力，因此是传承创新民族文化的人才资源。结合区域民族文化特点，中职学校的专业教师居多，双师型教师不在少数，他们动手能力强，在民族文化传承创新中，中职学校也有充裕的教师资源优势。特别是民族地区也拥有很多丰富的民族文化资源，把当地非遗大师、民间工艺大师请进校园，再结合学校的专业师资，将民族艺术、民族文化、民族舞蹈、民族工艺、民族体育等方面的原始素材进行系统的、创造性的制作和编排，将其引进课堂教学，并与学校的教育教学有机整合，充分利用区域丰富、优秀的民族文化资源，潜移默化地教育和影响师生，营造浓郁的校园民族文化氛围。民族文化是打造特色校园文化的一朵璀璨奇葩，学生在浓郁的民族文化校园环境里陶冶秉性、吸取营养、学会交往、领悟人生。依托学校的各种类型的活动，比如社团活动、课外兴趣活动、社会实践活动等，将民族文化传承创新融入到校园文化活动中去充分体现学校具身认知视角下的"课堂育人、活动育人、生活育人、环境育人"等理念，激发民族文化传承创新与学校育人目标相结合的育人功能。民族文化的传承包含了方方面面，其中会一种民族语言、会唱一首民歌、会一种民族舞蹈、会一门民族传承技艺、会一项民族传统体育活动、会一道民族菜的制作等，都强调了学生在民族文化传承创新教育中要具身学习，学习民族文化是要身体力行的。因此，构建学校特色文化育人体系，强化学生一项民族特长技能的学习，能陶冶学生的情操，培养学生欣赏美、发现美、创造美的能力，丰富学生的课余生活，不仅使学生乐于接受，还能伴随人的一生，在血脉中浸润本民族的文化遗传基因，从显性身体的学习到隐性感知的认识，使学生从心底热爱民族文化，并具备民族自豪感，从而代代相传，生生不息。将民族文化引入学校教育中，让学生自觉地继承发展民族文化，并对其进行创新，发挥民族文化的积极作用，可以丰富学生的精神世界，增强其

精神力量，更可以促进其人格发展，促进民族文化的创新与繁荣。

第二节 民族文化育人的目标体系

职业学校主要以传播基础知识、提升学生专业技能、锻炼学生动手能力为目标。① 教育部在 2000 年制定的《关于全面推进素质教育，深化中等职业教育教学改革的意见》中进一步明确了中等职业学校的培养目标，应树立以全面素质发展为基础，德智体美等全面发展，具有科学的世界观、人生观和爱国主义、集体主义思想以及良好职业道德和行为规范，并要具有基本的欣赏美和创造美的能力。民族文化与育人目标融合过程中能从各个方面更好地促进培养目标的达成。2017 年 1 月 25 日，中共中央办公厅、国务院办公厅印发的《关于实施中华优秀传统文化传承发展工程的意见》（以下简称《意见》）中指出："到 2025 年，中华优秀传统文化传承发展体系基本形成，研究阐发、教育普及、保护传承、创新发展、传播交流等方面协同推进并取得重要成果，具有中国特色、中国风格、中国气派的文化产品更加丰富，文化自觉和文化自信显著增强，国家文化软实力的根基更为坚实，中华文化的国际影响力明显提升。"《意见》中还指出："推进职业院校民族文化传承与创新示范专业点建设……加强'一带一路'沿线国家文化交流合作。鼓励发展对外贸易，让更多体现中华文化特色、具有较强竞争力的文化产品走向国际市场。"同时，国家"十二五"规划纲要中也明确提出"传承创新，推动文化发展大繁荣""创作生产更多思想深刻、艺术精湛、群众喜闻乐见的文化精品，扶持体现民族特色和国家水准的重大文化项目，拓展文化遗产传承利用途径"；以弘扬和传承民族民间文化来推动社会主义文化大繁荣，保护和传承各民族优秀传统文化，提高文化软实力，充分发挥文化引领风尚、教育人民、服务社会、推动发展的作用。这一系列文件的出台更是体现出当下民族文化传承创新的重要性，说明了通过学校教育普及和传承创新民族文化的必要性。民族文化创新传承与职业学校的育人目标相融合，不仅能有助于民族文化通过教育这一途径得到更好的传承创新，还能影响学生身心健康发展和综合素质的提高。因此，重视民族文化传承创新与职业学校的培养目标相结合，考虑学校实际以及学生需要，从教学实际、民族活动、民族课堂等方面入手，强调民族地区职业学校的育人目标与民族文化传承创新相融合，在民族文

---

① 王志强. 职业学校特色校园文化育人功能探究 [J]. 辽宁师专学报（社会科学版），2018（6）：115.

化传承创新教育教学中加强育人环节，确定了培养"展民族精神、会民族技艺、懂民族知识"的复合型、创新型、可持续发展的技术技能人才的育人目标。

图 5-1　育人目标

一、认知目标——懂民族知识

民族知识教育的开展，有助于使学生了解我国各民族的基本概况、基本政策以及本民族的相关常识，帮助学生树立正确的民族观，在教育教学过程中增强学生维护民族团结、祖国统一的意识，民族知识包括了一切与民族相关的知识，它是丰富多彩的，包括了民族的构成、民族的历史、民族的理论、政策法规、经济文化、风俗习惯、宗教信仰、民族服饰、民族技艺、民族任务、民族建筑、民族饮食等方方面面。因此，通过学校教育对学生进行有目的、有计划的教学活动，使学生获得民族知识，树立正确的民族观，对培养其民族使命感和社会责任感，自觉弘扬民族精神等有很好的促进作用。民族知识教育可以帮助学生了解我国是一个多民族国家，使学生能正确看待民族和民族问题，培养学生使用正确的观点观察和分析民族问题的能力，树立民族平等、民族团结、共同进步发展繁荣的意识，并且要学会尊重与理解不同的民族，学会平等地与各个民族进行交往。开展民族知识教育让学生懂民族知识，符合学生全面发展的需求，有助于学生的素质得到全面提高，为社会培养合格公民。

目前少数民族面临着逐渐汉化的趋势，虽然我校绝大部分学生都是苗族，但是学生对苗族的历史、风俗习惯等都不了解或了解不系统，因此我们开始反思，民族文化传承创新不仅需要通过技艺的方式传承下去，还需要将优秀的民族文化理论、历史知识传递给学生，在育人目标里我们也提到要求学生懂民族知识，因此，我们开展了民族知识进课堂的一系列活动，将民族知识理论的教育带到常规教学活动中去，并渗透到各个学科中，组织教师开展区域民族特色文化的研究，编写、研发相关的民族知识理论教材。分别从苗族的文化历史、苗族的风俗习惯、苗文化常识、苗家菜谱等进行整理，再以书本教材的形式系统地让学生进行学习，从而更好地促进民族文化的传承。

图 5-2　懂民族知识

二、能力目标——会民族技艺

民族技艺是散落在民间的文化艺术、知识技能和手艺绝活的总称。民族技艺是中华民族的宝贵财富，是祖祖辈辈千百年来在劳动过程中共同创造的智慧结晶。民族技艺民间艺术深深烙下了中华民族顽强奋斗的生命轨迹，再现了中华民族的生活方式和精神风貌，实为民族之瑰宝、国家之珍品，生生不息，代代相传。[1] 将民族技艺引入学校教育中来，实施民族艺术教育，既对学生德、智、体、美、心等方面都有育人功能，还能挖掘民间艺术的文化内涵，让学生敢于通过自己的实践和努力去感受美、欣赏美、发现美、创造美，在学习民族技艺的过程中，体验快乐和成功的喜悦，增强其自信心。相关研究表明，学校教

[1]　温小宁. 中职学校民族技艺的育人功能研究 [D]. 陕西：华中师范大学，2010（5）：4.

育是传承民族民间技艺的沃土，它能提升学生的心理素质和文明素养，能像春风化雨般润物细无声地净化学生的心灵，并且对于职业学校学生的创新思维和职业精神都有积极的影响。因为民族技艺只有在传承中才能不断地丰富和发展，才能永葆历史的魅力，育人目标中包含培养一门民族技艺，能在轻松愉快的氛围中培养学生的职业道德和敬业精神。要求学生掌握一门民族技艺既拓展了学生的课外兴趣，也能增强职业学校学生的自信心和成就感。并且，学校开设民族技艺课程也有助于营造和谐的校园艺术文化氛围。

中等职业学校在当前的社会教育体制环境下，其生源的文化成绩较差，学生自信心不强、行为习惯不好等都是中职学生的典型特点，因此实施真正的素质教育，让中职学生在现有的基础上结合自身的知识、能力、兴趣爱好各得其所地发展，矫正不良的行为习惯，提升自身综合素养，将民族技艺引入学校中来，既能丰富学校的教育教学方式，又能陶冶师生情操，营造良好的校园艺术文化氛围，还能对民族文化的创新传承助一臂之力，培养职业道德优良、文化基础宽厚、专业知识扎实、操作技能过硬、就业能力较强的社会所需的复合型、创新型、可持续发展的技术技能人才。结合区域民族文化和学校的实际情况，推进民族文化"六个一"素质工程，即会一种民族语言（简单的苗语交流）、会一首娇阿依民歌、会一种少数民族舞蹈（以苗族、土家族为主）、会一门民族传承技艺、会一项民族传统体育活动、会一道苗家菜制作，构成学校特色文化育人体系。

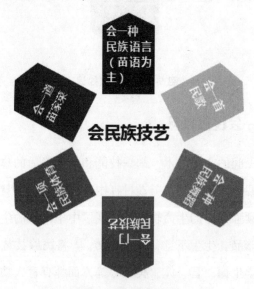

图5-3　会民族技艺

三、素养目标——展民族精神

民族精神是指一个民族在长期的共同生活中和实践基础上形成的，并为大多数民族成员所认同和接受的信念、价值观和道德的总和。① 放眼当下，文化软实力已经成为国家竞争和发展的关键，也是国家综合实力的体现。民族精神作为国家文化软实力的一个重要组成部分，是民族存续的精神血脉、民族团结的精神纽带、民族兴盛的精神资源，对任何一个民族的生存与发展都具有极端重要的意义。因此，学校教育是培养以爱国主义为核心的民族精神的重要途径。学校通过开展教育教学活动对学生进行民族精神的培养，用中华民族精神去培育和塑造学生，培养合格的社会主义建设者和接班人，并进一步通过教育传承发挥优秀传统民族文化对学生的感召和教化作用，使他们"不忘初心，抓好本源"，深刻地理解本民族文化发展的历史进程，以及充分了解本民族的优秀传统文化，逐步提高学生的民族思想素质和民族凝聚力，维护和支持中华民族的生存与发展，以此去激发和培育学生的责任心和使命感，展现中华民族的优秀精神，增强民族凝聚力。全面提升学生思想道德素质，促进其个人的全面发展。学校应结合培养目标或结合民族地区文化特点，有目的、有计划、有组织地开展一系列弘扬民族文化精神和传统美德活动，渗透爱国主义教育、民族团结教育、勤劳勇敢教育、自强不息教育，使学生具有昂扬向上、积极自信的生活态度，展现我国优秀民族传统文化的精神风貌。

重庆市彭水苗族土家族自治县是以苗族、土家族聚居为主的少数民族自治县，随着区域经济的快速发展，苗文化和土家文化的传承和发展也面临着前所未有的困境。学校根据职业教育的特点，结合区域民族特色文化，总结概括了苗文化民族精神在育人目标过程中的应用。苗族的发展历史应追溯到"三苗"和蚩尤九黎时代，五千多年前，炎帝、黄帝和蚩尤三大部落集团在黄河中下游长期战争，最后涿鹿大战，皇帝打败了蚩尤，蚩尤九黎部落部分人员融入了黄帝族中，部分人向南迁徙。蚩尤是苗族的始祖，虽然战败，被迫迁徙，但也塑造了苗族人既坚强不屈、勇于开拓，又善良友好、崇尚和平、注重礼仪的品格；具有勇于斗争、不畏艰险，不屈不挠、艰苦奋斗、坚韧不拔的精神。并且苗族盛行祭祀，祖先崇拜和不忘祖恩已成为人民的精神支柱，这也是民族精神教育中重视感恩教育的背景源泉。苗文化的精神象征是牛，也展示着苗族人勤勤恳恳、踏踏实实的生活态度。苗族人的群体意识很强，认同民族文化，向往民族团结。由于历史的原因，苗族在政治、经济和文化等方面相对落后，这就更加需要教育我们的学生振奋民族精神，加强民族内部的团结和各民族之间的团结，以爱国主义为基础，与祖国各个民族相互依存，共同发展。

---

① 曹启富. 弘扬和培育大学生民族精神研究 [M]. 成都：西南交通大学出版社，2006. 16.

图 5-4　展民族精神

四、学校传承创新民族文化育人目标的过程建设

结合学校的特点，我们将育人目标与民族文化传承创新融合，参考中等职业学校培养目标，从民族文化传承创新视角去调动学生多方面参与的能动性和积极性，激发学生热爱国家、传承优秀民族文化的热情，从职业教育的特点着眼于培养复合型、创新型、可持续发展的技术技能人才。因此，我们在育人目标的设定上注意职业教育教学规律，在教学计划编制上做了系统的规划。既重视精神文化、行为文化、实训文化的建设，又让民族文化的各种形态充分发挥职业学校的育人特点，在学校教育中协调发展、相辅相成。在教学编制上对长远的民族文化教学目标建设做出规划，又从课程体系中把握职业教育的育人目标、育人理念和发展方向。我们将学校的教学编制通过构建课程体系、开展课外社团活动、设置发展研究中心等来实现育人目标，实现民族文化传承创新。

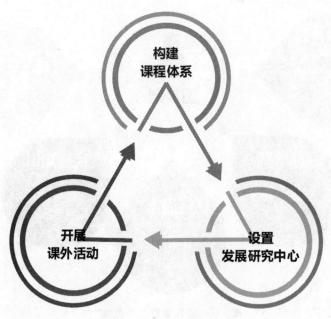

图 5-5　育人目标的实现

（一）构建课程体系

　　课程体系的构建是实现人才培养目标的关键，在课程数量和课程资源不变的情况下，构建了"三模块、四融通、五类型"的民族文化传承创新课程体系。其中"五类型"是实现民族文化传承与创新的具体课程内容和课程活动，也是民族文化传承与创新的五个类别的课程，主要包括民族技艺、民族歌舞、民族语言、民族知识和民族体育五大方面的课程，有的类型不是一门课程，一种类型由一门或几门具体的课程组成。民族技艺类主要包括剪纸、蜡染、刺绣、苗家烹饪，民族歌舞类包括民族音乐和民族舞蹈，民族知识类课程有民俗文化、民族服饰、民族产品开发设计等，民族体育类有射弩、竹铃球等课程，民族语言类课程主要是苗语。通过开设这五大类型的课程就能实现民族文化传承与创新这一育人目标，也才能更好地体现学校课程体系与民族文化传承创新相融合这一特点。积极探索民族文化教育教学改革，将苗族歌舞、苗族语言、蜡染扎染、苗鼓、苗家剪纸、苗家刺绣、民族团结进步等与社会主义核心价值观相符合的课程纳入学生素质课，充实学生生活，培养追求卓越、精益求精的工匠精神，铸造不畏艰险、砥砺前行的民族品质。

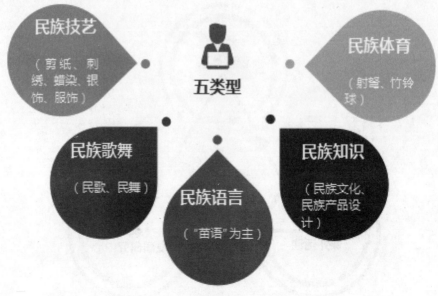

图 5-6 课程体系"五类型"

（二）开展课外活动

课外实践活动的开展是学生在课堂学习之外，丰富精神生活的重要途径，也是达到"展民族精神"育人目标的关键举措，通过开展课外实践活动、社团兴趣小组等，将民族文化传承创新内容融入活动中去，可以让他们将课程中学到的"五类型"民族技艺和知识在课外实践活动中得到延伸，积极鼓励学生参与各种课外活动，在活动中充分发挥学生的主观能动性和创造性。学校每年按期举办民族文化活动月，主要开展民歌节、民族舞蹈大赛、民族体育大赛、民族手工制作大赛等活动。将苗族土家族传统节日（如苗年、女儿节、龙华会、社公会等）分别定为学校民族体育活动节、踩花山节、民族作品展示节、民族艺术活动节等活动日，形成活动制度化。并组织开展专题讲座、专题报告、演讲比赛、看民族团结电影、办以"民族团结教育""民族政策"等为主题的板报，还利用班会时间开展民族团结进步宣传教育活动，增强民族团结进步宣传的新活力，营造了"平等、团结、进取、和谐"的良好氛围。规范师生行为文化，以师生日常行为为切入点，深层次体现民族文化品质。

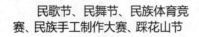

民歌节、民舞节、民族体育竞赛、民族手工制作大赛、踩花山节

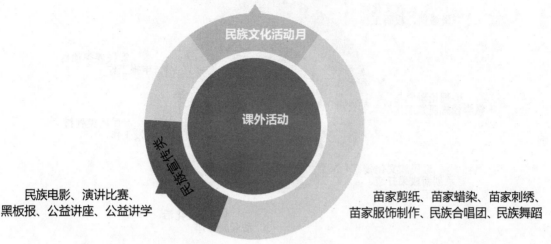

民族文化活动月

课外活动

民族宣传类

民族电影、演讲比赛、
黑板报、公益讲座、公益讲学

苗家剪纸、苗家蜡染、苗家刺绣、
苗家服饰制作、民族合唱团、民族舞蹈

图 5-7 课外活动的开展

（三）设置发展研究中心

民族文化传承创新与育人目标融合是创建特色学校和品牌学校的一个重要途径，但是目前对民族文化传承创新的研究存在短板和不足，民族文化教学资源的开发较困难，民族文化师资力量也不够，因此，针对民族文化创新传承的理论和实践的研究力度还不够，缺乏对民族文化育人功能的深度挖掘。为了达到育人目标，学校设立了民族文化发展研究中心作为后盾保障，探寻民族文化的艺术精神和知识沉淀，创新中职教育的人才培养方式，扩大民族文化传承创新的育人效应。主要的任务是负责项目总体规划、建设、管理、指导等工作；负责市级课题研究工作，指导子课题的开展工作；负责民族文化类教材开发工作；负责民族类活动开展总体策划工作；负责特色校园设计、实施工作；负责特色成果打造、推广工作。对校园民族文化环境建设进行规划，策划学校各种民族文化活动，开展民族文化课题研究和申报工作，开展民族文化教师教研活动，研究非遗传承人机制和学研产销展教学模式，开发民族文化教材和资源库，并负责对民族文化师资培训、推进成果的物化和成果的转化工作，为育人目标能更好地完成与民族文化传承创新提供保障，从而促进民族文化传承创新与学校教育教学达到深入融合。

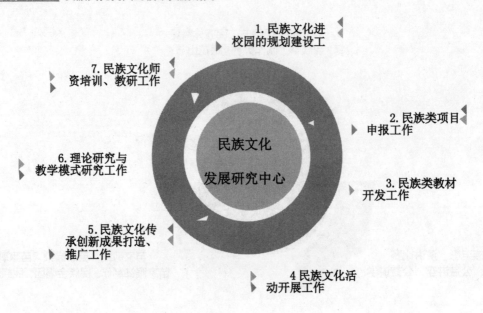

图 5-8　民族文化发展研究中心

第六章 >> 学校育人载体与民族文化融合

　　凡是能成为育人要素的物质建构和理念展示都被称为育人载体，学校育人载体是指学校能实现育人的所有物质或精神要素，如学校的环境、学校的理念、学校的活动、学校开设的课程、学校组织的各种社会实践等都是学校的育人载体。学校的育人载体与民族文化融合是指学校将育人落脚到传承和创新区域民族文化，是弘扬优秀民族文化的具体实践。学校育人载体与民族文化融合的前提是学校所处的区域有优秀的民族文化，并且该区域的民族文化亟须传承与创新。文中的学校位于"世界苗乡"彭水苗族土家族自治县，该县是中国"非典型性民族地区"之一①，本地区的民族文化受到了汉文化的冲击，民族文化价值的彰显受到极大挑战，民族地区的职业学校作为民族文化传承与发展的主阵地，理应承担起民族文化传承的重担。为此，学校通过民族文化校园环境建设、民族文化课程建设以及民族文化旅游专业群建设，实现学校育人载体与民族文化深度融合，进而有效地传承和创新本民族的优秀文化。

第一节　民族文化校园环境建设

　　文化是现代教育的灵魂，校园环境文化建设是校园文化建设的一个重要方面，校园环境文化在孩子们的成长过程中，具有"春风化雨，润物无声"的熏染作用。校园环境文化是与学校教育、教学活动密切相关的能体现学校办学理念和办学特色的校园环境的总称，是以学校的价值观、发展观为核心的思想意识、行为准则、道德习惯的集中体现，是实现教师专业成长和学生生命发展的深厚土壤。现代教育理论代表、美国实用主义教育家杜威这样表述过学校环境："学校是一种特殊的环境，其特殊性就在于它是一个简化、净化、平衡化、精神化、以人为中心的环境。这种环境不仅表现在校舍、图书、课堂这样一些物

---

　　①　尹博：基于文化共生理论渝东南学校民族文化教育发展研究，博士论文，西南大学，2015年，第3页。

质环境上，还表现为气氛、风气、交往关系、教师的态度等精神环境上①。"本文的民族文化的校园环境是指在民族地区学校（这里特指职业学校）根据本民族的文化特点、文化内涵以及学校的历史传承而打造的具有民族特色的校园文化环境，通过打造民族文化校园环境，彰显民族地区职业学校办学特色，实现民族文化传承与创新。

一、民族文化校园环境建设的价值

民族地区的职业学校建设民族特色校园环境文化是顺应时代发展的，符合新时代教育要求。现代教育思想认为，教育的最终目的不是传授知识，而是培养学生掌握知识的技能和方法。民族特色校园环境文化建设是整合学校资源的强大力量，它能调动学校所有的智慧和创造力，在价值观塑造中能起到引领作用，并不断地调适着学校内部和外部的种种关系，将学校领导、教师、员工、学生、家长紧紧地凝聚在一起。民族特色校园环境文化建设能够彰显办学理念、演绎学校精神、物化育人环境。这种校园环境文化既是学生健康生活的基础，又是对学生进行健康教育的重要资源或手段②。其具体的价值表现在以下几方面。

一是彰显学校民族特色。一个和谐而具有特色的校园，应有千姿百态、意蕴丰赡的特色校园文化。校园的建筑、景点、书画廊、绿化带精心巧妙地制作、组合，就是一幅幅生动形象的学校精神写照。民族地区的职业学校若没有特色校园环境文化就会是毫无生气的建筑群。民族特色校园环境文化不是流水线上的产品，不是砖石瓦片的简单堆积，而是有着深厚文化底蕴的精神文明建设的育人基地，室内布局装饰、色彩的搭配、绿化的打造都体现出浓郁的民族文化风情。民族特色校园环境文化能充分展示学校的个性魅力，与学校特色育人文化构建有着相互影响、相互作用的关系，在构建学校特色的同时大大提升学校知名度。民族特色校园环境文化建设是民族地区职业学校文化建设的重要内容，将本民族优秀的民族精神融入校园环境文化中，使学校的校园环境文化建设与众不同；而优秀的学校与众不同的往往是优秀的校园文化，优秀的校园文化是学校最卓越的品牌。优秀的校园文化建设是学校发展的灵魂。未来学校的竞争不再是硬件设施的完备与否，也不再是师资力量的强弱，归根到底是学校文化的竞争，因而有民族特色的校园环境文化建设能够很好地彰显学校民族特色，提升学校的竞争力。

二是提升学校品牌。学校最大的资产不是有形资产，而是无形资产——学校品牌。它

① 张静：《医学院校学生感恩教育研究》，硕士论文，河北师范大学，2010年，第27页.
② 季肖莹：《特色中小学校园环境文化营造初探》，硕士论文，浙江师范大学，2014年，第14页.

不仅是一个品牌形象，也是凝聚了一所学校的以教育理念、管理哲学和共同价值观为核心的学校文化，这些因素影响了学校中的每一名师生和员工。在校园文化建设中，独特办学理念是头脑和灵魂。学校独特的精神环境是指形成具有特色的培养目标、办学模式、办学特点、校风校纪等特色精神文化。健康的学校精神环境主要表现为积极严谨的校园风气、丰富高雅的校园文化、教学相长的师生关系、寓教于乐的课余活动、科学合理的课程安排、文明礼让的生活秩序、充满爱心的心理指导等。建设民族特色校园环境文化对外有助于辐射社会，有助于提升学校品牌，扩大影响力，提高认可度。在现代教育资源过剩的条件下，存在着学校与学校间的竞争，不管竞争表现为"抢夺"有限的生源，还是"争夺"有限的优质师资，总之，只要存在着校际竞争关系，这种竞争说到底就是品牌竞争。品牌是学校的生命和核心，是学校在竞争中获得生存与发展的保证。对一所学校而言，也许更重要的不是校舍和设备，也不只是名教师或名校长，而是富有竞争力的"个性品牌"。民族特色校园环境文化有利于将学校个性或特色广泛地传达给外界，对外部社会具有辐射功能，使外界产生固定印象，从而提升我校的形象和知名度。民族特色校园环境文化建设对当下的学校来说显得尤为重要。学校品牌的打造与学校的认知度、美誉度密切相关，校园环境文化作为学校文化的外在表现，最容易被人们所注意、评价、对比。好的学校环境，以其高品位体现出学校的内在品质。民族特色校园环境文化打造的品牌学校是向社会、家长、学生做出的质量承诺和保证。对家长和学生来说，选择一个优质品牌的学校，就是选择了一种优质的身份和优质学习生活的体验，是对未来优质人生的一份保障。民族地区实施民族特色校园环境文化建设对提升学校品牌有着重要的作用。

三是实现环境育人。美国心理学家、行为主义心理学的创始人华生曾用一打婴儿的名言来阐述环境对人的重大影响。"给我一打健全的婴儿，我可以保证，在其中随机选出一个，训练成为我所选定的任何类型的人物——医生、律师、艺术家、商人，或者乞丐、窃贼，不用考虑他的天赋、倾向、能力、祖先的职业与种族。"华中理工大学博士生导师刘献君教授在他的专著《人类之治》一书中运用了一个精彩的类比：泡出来的白菜、萝卜的味道，取决于泡菜汁的味道；同样，不同学校育人的环境不同，所培养出来的学生的素质也不同。这就是著名的"泡菜理论"。学校特色的校园环境文化是一种巨大的无声的力量，"随风潜入夜，润物细无声"地滋润着祖国的未来，好的校园环境文化是最优秀的隐性课程。它如"润物细无声"的春雨，能以最深刻、最微妙的方式进入学生的内心深处并产生深远影响。富有浓郁民族色彩的校园环境文化具有潜在感染性、形象审美性、情感陶冶性，对人有着内化教育的作用。良好的校园环境文化，可以振奋人的精神、激励人的意志、规范人的行为、调节人的心理。我国近代著名的民主革命家和教育家蔡元培先生曾提出过著名的"五育并举"的教育方针，其中美感教育是他的一个非常有特色的教育思想，尤其以"以美育代宗教"的口号闻名于世。美育对德育、智育、体育都有积极的影响。审美教育也称美感教育，即美育，是借助于自然美、社会美和艺术美，培养人具有正确的审美观及高尚的道德情操和感受美、鉴赏美、创造美的能力的教育，在学校教育和环境建设中具有特殊的地位和作用。德国古典文学和古典美学家席勒极力主张通过美育来培养理想的人、完美的人、全面和谐发展的人。唐人有诗云："山光悦鸟性，潭影空人心。"我国古代学堂大多依山傍水，就是为了"借山光以悦人性，假湖水以静心情"。在绿草如茵、鸟语花香、亭榭交错、山水相映、民族风情浓郁的校园环境里，职教学生会潜移默化地受到美的熏陶，放飞美的心灵，在其成长的阶段写下精彩的一笔。校园环境文化以其强大的思想教育功能、精神陶冶功能、环境改造功能、美育功能等，在潜移默化之中，以其美感文化的特性，以环境取胜的亲和力、感染性，在学校文化建设中有着举足轻重的作用。它广泛而深入地影响着学生的情感、想象、思想、意志和性格。它能丰富学校的文化精神生活，激起学生的情绪体验，有助于培养高尚情操，提高社会主义觉悟，鼓舞学生为实现理想和创造一切美好的事物而奋发向上。校园美育是一个具有自身独特结构的文化体系，是校园环境文化建设的重要组成部分，是实现环境育人的具体体现。

四是传承民族文化。民族文化传承是新时代教育的新使命，通过实地走访调查发现，当前，我县对本地区、本民族的文化有一定了解的几乎都是 65 岁以上的老人，我们的民族文化正面临断代的威胁。民族地区中职学校的校园环境建设，必须紧紧围绕民族文化传承与创新展开，在环境建设总体规划中以苗族文化为主题打造"一路、一廊、四室"的校园环境文化。学生从踏进校园的第一步便能被浓郁的民族文化所吸引，这对培养学生传承民族文化的兴趣具有重要作用。"兴趣是我们最好的老师"，只有让学生对民族文化感兴趣，学生才会主动去了解和接受即将遗失的民族文化。通过长期的熏陶和了解，学生才能真正理解本民族文化的精神内涵，也才能有效地传承民族文化，并将本民族文化插上新时代的翅膀，永远翱翔于天空。

二、民族文化校园环境建设的内容

学校依山而建，错落有致，让独具匠心的中国古典美学融入一草一木、一品一景的设计之中，秉持着"扎根世界苗乡，创办特色名校"的办学愿景，围绕苗族文化、师范文化、红色文化打造"一路、一廊、四室"校园环境文化，即校园道路有景观，教学楼有民族文化长廊，教室、寝室、实训室、民族文化展览室均有红色文化、师范文化、民族文化等多种民族特色的文化印记。

"一路"是指校园内的每一条道路。"一路"是校园物质文化的景观展示，学校围绕校园环境文化建设总体思路，在校园的各条道路上打造了独特的校园景观文化。首先是从正校门通往教学区的阶梯之路，该路利用原有的地势环境，将每一条石阶作为记载学校发展历程的载体，利用绘画、浮雕、刻字等具体元素展现学校从乡村师范学校发展成为现在的民族特色职业学校的 5 个发展阶段，从 5 个阶段中淬炼出了革命文化、师范文化和民族文化。其次是教学区内的樱花之道，该条道路主要是利用景墙、雕塑、铺装等元素表现彭水的抗战历史，以此来展现学校的革命文化。最后是从后校门到学生寝室的滨水步道，这条道路是学校的主干道，主要展现的是苗族文化，我们将这条滨水步道按照苗族发展历程、技艺呈现和生活场景展现分为 5 个部分（梦蝶—巧匠—村野—山花—归家）。每一部分利用独特的文化符号进行展现，让全校师生在一步一景中感受独特的民族文化。

"一廊"是指学校打造的文化长廊。矮墙是打造学校文化长廊的主要载体，学校主要利用校园里的矮墙，通过革命人物雕像、名人墙、书卷雕、苗族生活场景的壁画以及浮雕等元素来体现是学校的革命文化和苗族文化。让全校师生通过文化长廊缅怀革命先烈，同时也能唤醒对即将遗失的苗族文化的记忆，恢复民族文化遗产，弘扬民族文化精神。

"四室"是指教室、寝室、实训室和民族文化展览室。学校为了营造浓郁的校园文化氛围，围绕红色文化、师范文化与民族文化融为一体的主题开展了教室、寝室和实训室环境文化建设竞赛活动，各专业部围绕学校校园文化建设主题并结合自己专业特点进行教室、寝室和实训室文化建设。以比赛的形式实施教室、寝室、实训室文化建设，既能激发师生的创造力，又能彰显各专业特色，使教室、寝室、实训室文化建设真正实现育人功能。承担着学生技能训练的特色文化实训场馆，融入传承优秀传统文化的办学理念，集教学、展示、营销、学术交流于一体，为师生开展民族文化传承活动搭建平台，凸显了浓厚的民族文化。民族文化实训场馆分为苗家刺绣、苗族剪纸、苗族织染（挑织、蜡染、扎染、印染）、苗家菜系、娇阿依民歌、民族舞蹈、苗族银饰、苗族服饰等多个传统手工技艺与文创实训室，形成全域苗族文化培训基地。在匆匆忙忙的光阴里，在勤学苦练技能的课程中，一代代职教人从这里出发，一代代梦想从这里起飞。

三、民族文化校园环境建设的途径

民族文化校园环境文化建设的核心是彰显学校特色，为了更好地打造民族文化校园环境，学校提出了民族文化校园环境建设"五步法"。

一是挖掘文化，凝练主题。彭水职教中心有着悠久的办学历史，建校于 1925 年，其间经历了红色文化、师范文化，到如今发展成为职教文化和民族文化。面对近百年的建校历史和几代文化更迭，我们的校园环境文化建设的首要任务就是挖掘丰富的文化内涵，提炼出凸显学校特色的校园文化建设主题。学校地处世界苗族人口最多的自治县，因此，学校文化中心从 2014 年开始外出学习考察，并多次聘请市内校园文化建设专家对学校校园环境文化建设的主题进行深入研讨，反复论证，最终将学校校园文化建设主题确定为"传承苗族文化，培育工匠幼苗"，在继承红色文化、师范文化的基础上，围绕苗族文化的精神内涵，将"智韧勤达，守正创新"作为学校的校训。该校训既是对苗族人民智慧、坚韧、勤劳、达观、创新等品质的传承，同时展现了学校从 1925 年发展至今的精神面貌。围绕校训，学校凝练出来"严谨务实，尚武善舞"的校风、"修生强能，仁心育苗"的教风以及"恒勤向上，博采出新"的学风。明确了校园环境文化建设主题，也就明确了建设的方向，同时也找到了自己的特色。

二是统一规划，整体设计。围绕主题，学校专门邀请西南大学设计团队针对学校民族文化校园环境建设主题对学校民族文化校园环境建设进行整体设计。将民族文化校园环境建设的主体内容确定为"一路、一廊和四室"，基于苗族文化的展现和苗族技艺的传承将民族文化校园环境建设的主色调定位为蓝色（源于苗家蜡染中的靛蓝），同时配以红色枫叶作为装饰，使其民族文化校园环境建设风格在稳重中展现朝气和活力。此外，在整体设计中还体现了以人为本的校园环境文化建设使命，在坚持学生为主体的原则上融入了时代特征和社会风尚等隐性元素。学生在这样的环境下生活和学习，未来他们必将成为知识经济时代生产力发展的中坚力量，成为先进生产力的开拓者、民族文化的弘扬者和最广大人民利益的维护者。

三是抓住特色，不断积淀。校园环境文化建设有了主题就有了自己的特色，学校围绕自己的主题提出了民族文化校园环境建设 5 年规划，将利用 5 年的沉淀和积累，不断丰富"一路、一廊和四室"的内容，最终将学校打造成为一个花园式的校园和民族文化特色校园。通过 5 年的民族文化校园环境建设，学校完成了花园式校园环境和民族文化特色校园环境建设，同时还提出了"民族文化+"的特色办学理念，通过民族文化+活动、民族文化+课程等形式丰富了学校的校园文化，实现校园文化软环境建设，彰显了学校的办学特色，提升了学校品牌竞争力。

四是明确主体，师生参与。校园环境文化建设的主体不是学校领导，而是全体师生。

在校园环境文化建设中，只有充分调动全体师生的积极性，才能全方位打造学校的校园环境文化。学校的"四室"文化建设主要是师生完成。其具体做法是以赛促建，学校以专业部为单位开展实训室、教室和寝室文化比赛，其总体要求是建设风格要与学校总体设计相符合，但各专业必须凸显自己的专业特点。围绕学校的总体要求，各专业师生努力探索，大胆创新，最终实现专业文化建设。在参与文化建设的过程中既激发了师生的创新和创造力，展示了特长，体现了自我价值；同时又让他们在做中体悟学校环境文化建设内涵，真正实现了环境育人。

五是肩负使命，科学传承。文化的传承与创新，是国家根据新时代经济社会发展的需要，赋予中等职业教育继人才培养、服务社会之后的又一新的重大历史任务，尤其是民族地区的职业学校更应该与国家总体发展政策同向偕行，承担起民族文化传承与创新的社会责任。"观今宜鉴古，无古不成今。"历史是不能割断的。民族地区的职业学校要成为文化建设的高地，其民族文化校园环境的形成与发展必然离不开优秀民族文化的滋养，因而迫切需要加强对本地区民族文化的发掘和传承。只有在优秀民族文化"阳光雨露"的滋养下，学校环境文化才能茁壮成长、枝繁叶茂。学校要实现民族文化与校园文化的深度融合，就必须对民族文化进行深入挖掘和全面系统的研究，进一步加大对民族文化的宣传和普及力度，营造浓厚的民族文化育人氛围。为此，学校专门打造了民族文化长廊和民族文化展馆，通过长廊和展馆引导广大学生更好地理解、认识、掌握民族文化的精髓，构建独具特色的民族文化教育体系，并不断将民族文化进行创新发展，使其发扬光大。

第二节　民族文化课程建设

在文化自信的大背景下，民族文化的传承与保护是每一个中国人的使命，学校是民族文化传承和发扬的主阵地，民族文化课程是民族文化传承的重要方式。学校从 2016 年开始提出了走民族文化传承的特色发展之路。民族文化课程建设是学校走民族文化传承特色发展之路的具体体现，是实现民族文化传承与创新的主要载体。学校围绕地方民族文化传承需求，构建了五种类型的民族文化课程，学生通过这"五类型"课程的学习，实现了学校提出的民族文化传承"六个一"素质工程，使他们真正学会了民族技艺，懂得了民族知识，树立了民族精神，传播了民族文化。

一、民族文化课程建设的价值

在文化自信的大背景下，民族文化的传承与保护是每一个中国人的使命，学校是民族文化传承和发扬的主阵地，学校从 2016 年开始提出走民族文化传承的特色发展之路。民族文化课程构建和实施是学校走民族文化传承特色发展之路的具体体现，是实现民族文化传承与创新的主要载体。学生通过民族文化课程的系统学习，实现了"六个一"素质的提升，让民族文化传承不再是一句空话，让学生真正学会了民族技艺，懂得了民族知识，树立了民族精神，传播了民族文化。

一是有利于提高学校的教育教学质量。民族文化课程能开启学生心智，丰富的课程资源有利于开拓学生的思维、增长知识、培养情意，积极开发本民族课程资源也是提高学生的思维能力、创造能力的重要基础。民族文化课程能激发学生兴趣，利用学生熟悉的民族文化环境和民族文化知识，改变学生被动学习的局面，并逐渐将学习兴趣正迁移到其他学科的学习，提高学习效果。民族文化课程能增强学生的民族自信心，自信的情感是学业成功的最重要的心理因素，民族自信心来源于对本民族文化的了解，以及自身对民族文化的不断学习。民族文化课程不仅有利于学生加深对苗族的优秀文化的了解，也有利于通过对本民族取得的卓越成绩、优秀的民族人士的成功案例的学习，增强学生自信心。民族文化课程能实现民族文化优秀精神的传递，每一个民族的文化都是这个民族在长期生活和生产中积累下的智慧结晶。苗族文化中蕴藏的天文、地理、人文等各方面的智慧，直接传递给学生，不仅有利于开发学生智力、促进学业成绩的提高，也有助于实现优秀民族文化传承。

二是有利于开阔学生的视野。民族文化反映了一个民族认识世界、理解世界的方式。民族文化课程是通过对民族文化的选择，建构学生世界观、人生观、价值观的过程。民族文化教育的实施有利于学生对本民族文化产生清晰、深刻的认识，也有利于帮助学生从自己文化的角度和其他文化的角度来观察本民族的文化，同时了解其他民族的文化，以此拓宽学生思维，让学生以多元文化的理念接纳异文化，传承并发展本民族文化。教育不但应致力于使个人意识到他的根基，从而使他掌握有助于他确定自己在这个世界中的位置的标准，而且应致力于使他学会尊重其他文化。当前，正处在以全球化发展为基本格调的时代，培养学生多元文化视野是世界教育发展的趋势，我们要积极挖掘和利用好本区域丰富的多元文化课程资源，为学生世界观、价值观的形成提供更广阔的空间和视角。实施民族文化教育是使我校学生树立正确的道德观、人生观和价值观，提高我校学生综合素质和文化涵养以及生存能力的教育载体和渠道。

三是有利于增强学生的爱国主义意识。我国是多民族国家，每个民族都有自己灿烂的文化。中华民族多元一体的格局使少数民族文化在发展过程中吸收了很多汉族文化，汉族文化中又能看到少数民族文化身影。开发民族文化课程、实施民族文化教育有利于学生在对本民族文化加深理解的同时，对多元一体的中华民族文化有更深的认识。民族文化教育能使学生深刻认识到中华民族是由中国各民族经过长期的交往、交流、交融，在历史上形成的相互依存的、统一而不可分割的共同体，中华民族的复兴靠各民族的共同努力和不懈奋斗。将民族文化教育作为学校践行社会主义核心价值体系构建的重要举措，将其融入学校教育的全过程，弘扬以爱国主义为核心的民族精神，有利于增进民族团结和增强学生的爱国情感[①]。

四是有利于苗族文化的传承与发展。彭水苗族土家族自治县虽是少数民族自治县，但对本民族文化没有做科学梳理、准确定位、深入挖掘。在经济快速发展的现代社会，本县域很多人被迫外出务工，接触更多外来文化，导致本民族文化走上了消亡的道路。个人认为，新时代苗族文化要想很好地继承、创新和发展，完善传承发展机制是必要条件。因此，在中职学校教育中实施民族文化教育对传承苗族文化具有重要意义。学校教育将通过对文化的选择，对民族文化进行甄别和选择，将优秀的民族传统文化传承下来。同时，通过个体的社会化功能，将民族优秀传统文化与社会发展、科学技术发展紧密联系起来，培养一代代优秀传统文化的继承者和传播者，满足人民群众对优质文化生活的需要，对促进民族地区社会、经济、政治、文化的健康可持续发展也具有重要意义。

二、民族文化课程建设的内容

课程内容是指各学科中特定的事实、观点、原理和问题及其处理方式，民族文化课程建设内容是民族文化课程建设最核心的部分，是学生习得民族文化知识的重要载体，是实现民族文化传承创新的基础。本文的民族文化课程主要包括五大类型，"五类型"课程是民族文化传承与创新的五个类别的课程，是素质拓展模块的重要组成部分。彭水主要是苗族、土家族，因此"五类型"的课程主要是与苗族、土家族文化传承相关的课程，具体包括民族技艺类、民族歌舞类、民族语言类、民族知识类、民族体育类。有的类型不是一门课程，一种类型由一门或几门具体的课程组成，民族技艺类主要包括剪纸、蜡染、刺绣、

---

① 金红仙：延边地区朝鲜族中小学民族文化课程开发与研究，硕士论文，延边大学，2012年，第39页.

苗家烹饪，民族歌舞类包括民族音乐和民族舞蹈，民族知识类课程有民俗文化、民族服饰、民族产品开发设计等，民族体育类有射弩、竹铃球等课程，民族语言类课程主要是苗语。

"五类型"课程虽都属于素质拓展模块，但针对不同类型的课程，不同专业的学生，我们采用了不同的组织实施方式。

一是必修课程。必修课程是学校所有专业都必须学习的课程，主要是民族语言类、民族歌舞类、民族体育类。虽都是必修课，但开设的方式却有所区别，民族语言类的课程，主要是在一年级开设，旅游、幼教、民族工艺品专业开设一年，共36学时，其他专业开设一学期，共18学时。民族歌舞、民族体育类主要是以活动为载体，以课外素质拓展课（第三课堂）的形式开设。在教学内容上，针对不同的专业和学生，其教学内容也有所侧重，如：苗语课程，在旅游专业、幼教专业和民族工艺品专业学习的内容相对要多些，难度要大一些，要求这些专业的学生学会苗语的拼音方法，能用苗语简单地介绍彭水的旅游景点，能进行简单的苗汉语言的翻译，汽修专业的学生只要求能用苗语进行简单的问候，能学会日常生活中的口语就可以了。在考核评价方式上，民族语言类课程主要采用理论+实践的考核方式，理论考试主要是用试卷测试，实践考试主要是景点介绍和日常对话交流。

二是活动课程。活动课程主要是针对民族歌舞和民族体育类课程，我们充分利用学校的民歌合唱节、大课间的民族体操和民族舞蹈等活动载体让全校学生学习民族歌舞和民族体育类课程。该类课程的考核评价方式主要是看学生参与活动的效果，学校开展的主要活动有课间操活动、大课间活动、民歌合唱节、民族体育运动会等，这些活动都是要求全员参与的，通过参与这些活动，每个学生至少会唱一首苗歌，会跳一段苗舞，学会一项苗族体育运动。

三是选修课程。选修课程是必修课程的补充，同时也是个性化培养的载体，学生可以根据自己的兴趣爱好选择课程。"五类型"课程中通过选修完成的课程主要是民族知识类和民族技艺类。对民族地区的中职学生而言，不可能将所有的民族技艺和民族知识学完，他们只能根据自己的学习基础、兴趣爱好选择自己喜欢的能学会的民族知识和技艺。选修课程一般从高一下学期开始直到毕业，学生可以在民族技艺和民族知识类课程中选修一门，也可以选修多门，每个学生至少选修一门课程。民族技艺和民族知识类选修课程的组织实施由教务科统筹，专业部具体落实，教务科统筹主要职责是安排好每门课程各专业部选修的时间、地点以及限定的人数，各专业部具体组织学生进行课程选择和教学考核评价。在教学方式上以实践体悟为主，技艺的传承需要同学们自己动手操作才能学会，学生通过具体的实践操作掌握这种技艺的基本操作流程和相关的理论知识。针对非专业的学生，民族技艺和民族知识类课程的考核评价指标是学生能做简单的民族技艺作品和讲述作品的民族文化内涵。

"五类型"课程的有效实施是学校民族文化传承创新的有力保障，通过必修、课外素质拓展活动、选修等多种课程组织形式让学生真正能掌握民族知识和技艺，成为优秀民族知识、技艺的真正传承人和创新者。

三、民族文化课程建设的途径

一是广泛调研，深入学习。"多元文化"论认为，一个国家由不同信念、行为方式、肤色、语言的多样化民族所组成的文化，相互之间的关系应是支持且均等存在的。我国多民族多文化的社会属性，就决定了多元文化性，决定了我国应实施多元文化教育。多元文化教育的核心则是多元文化课程理念的确立。因此在多元文化课题视野下，应逐步实现从单一文化向多元文化的转变。"即要求重新认识少数民族及其文化，尊重各民族文化的独特性和民族情感，消除对少数民族文化的偏见，从而实现民族地区课程的多元化"，使民族地区职业教育课程具有文化的包含性和适应性。

基于此，从2013年开始，根据学校总体办学思路——走民族文化传承特色发展之路，首先派遣了服装专业相关教师到湖南凤凰、湘西，贵州丹寨、苗寨，河北蔚县等十余地调研学习苗族刺绣、蜡染、剪纸等民族文化及工艺制作。学校除了深入其他苗族地区进行调研外，还通过访谈和问卷调查等方式，了解和挖掘彭水本地苗族文化，但通过访谈和问卷调查发现彭水苗族文化只有老年人有所了解，作为年青一代的彭水苗族人几乎不了解本民族文化。因此，作为民族地区的职业学校，应该承担起本民族文化传承与保护的重任，学校将最能代表苗家技艺的刺绣、蜡染和剪纸引进校园，作为校园文化建设的重要内容进行建设和打造。

为了使民族文化传承不成为一句空话，学校从2014年暑假开始分别派遣服装专业、美术专业、幼教专业、音乐专业等各专业教师到民族地区对剪纸、刺绣、蜡染等民族工艺品的制作与研发以及相关的民族文化知识进行为期1个月的深入学习，此后，每年暑假都派出相关教师就苗族技艺和苗族文化进行集中学习。通过反复学习交流，不断挖掘苗族文化内涵，创新苗族技艺，为学校构建民族文化课程做好相关资源储备。

二是开展活动，激发兴趣。在多元文化课程设计理论下，课外活动课程是课程建设中的重要形式之一。陶行知先生曾经提出过"社会即学校、生活即教育"。在少数民族地区，民族文化课程建设除通过各种学科课程、隐性课程的途径外，还应充分重视课外实践活动这一课程形式。

课外综合实践活动课程是在教师引导下，学生自主进行的综合性学习活动，是基于学生的经验，密切联系学生自身生活和社会实际，体现对知识的综合应用的实践性课程①。它超越了单独学习书本知识的局限，要求学生走出教室、走进社会、走进大自然，并围绕人与人、人与社会、人与自然、人与文化等方面自主地提出问题、分析问题和解决问题。综合实践活动课程既是一种课程形式，同时也是一种学生主动的学习方式。学校开展的综合实践活动课程主要有三种②：

首先是课程探究的研究性学习：该课程形式主要是让学生利用周末或寒暑假根据自己的兴趣爱好去探究苗族精神形成的过程，从而让学生了解苗族精神内涵，培养学生对伟大民族精神的敬畏之情。

其次，社会考察、调查、访问、参观的社会体验学习：要求学生利用寒暑假，通过调查和访谈周围的老人，记录本地区苗族的生活习惯和饮食习惯，从而学习苗族的饮食文化和礼仪文化。

最后，社会参与的实践学习：包括社会服务、生产劳动，以及参与其他各种社会活动。多元文化视野下苗族传统文化的课程建设采用综合实践活动的方式，通过给学生设计探究主题，如"苗汉饮食习惯之比较""苗族服饰上的历史""苗族剪纸与地方经济发展之关系"等主题，让学生自主探究，在探究的过程中，学生通过向教师、地方专家进行询问，不断思考，从而获得对苗族传统文化的深刻认识，从而更加热爱自己民族的文化，提高民族的责任感。还有社会参与式的社会服务，学校每年都会组织1000多名学生参加蚩尤祭祀庆典活动，学生在活动中学会了民族歌舞和民族的祭祀文化，同时用自己的行动向别人展示本民族优秀文化，以此增强学生对本民族文化的认同感和自豪感，为学校开设民族文化课程奠定了实践基础。

三是培育师资，开发课程。强化民族文化课程实施队伍的建设是民族文化课程建设中最重要的环节。民族文化课程的老师已不仅仅是课程的实施者，还应是课程的创造者，需要在已有的经验基础上进一步进行培育。民族文化课程的建设对民族文化课程实施队伍的

---

① 郭元祥著：《综合实践活动课程设计与实施》，首都师范大学2001年版，第9页.
② 钟启泉等主编：《为了中华民族的复兴，为了每位学生的发展》，(《基础教育课程改革纲要（试行）》)解读，华东师范大学2001年版，第117页.

建设提出了更高要求，同时也为老师的发展提供了很好的机遇和平台。学校领导以"促进学校整体改革，学校办学特色"的眼光和思路来领导和管理民族文化课程建设，整合人才资源，努力营造使优秀人才脱颖而出和发挥聪明才智的良好环境，千方百计调动教师的积极性、主动性、创造性，培养民族文化师资队伍。同时以多渠道方式引进民族文化教师资源，通过聘（从其他苗族地区聘请民族文化专家、学者等）、请（请苗族语言学者、苗族工艺大师、民间苗族歌舞艺人、苗族体育爱好者等）等途径优化组合学校民族文化师资队伍，以解决学校现有民族文化师资紧缺问题。整合校内外资源，建立一支民族文化课程研究队伍。民族文化课程研发是民族地区课程建设的新挑战，聘请的民间大师缺乏系统的专业理论指导，学校的专业教师又没有专业的技术支撑。要解决这一难题，除了政府和教育部门的政策支持外，最重要的一点就是我们要营造一个共同合作、积极上进的科研氛围，坚持走科研兴校的路径。因此，在开发民族文化课程的过程中，学校非常重视与从事民族文化研究的高校和科研机构合作，与重庆民族文化研究院、县文化馆、县民宗委、湘西古歌文化传播有限公司、重庆蚩尤九黎集团等合作成立了民族文化研发中心，以此来提高学校民族文化课程的理论水平。同时，加强校本教研，提高教师自身素质和科研能力。校本教研是以学校为研究基地、以教师为研究主体、以教师在教学实践中遇到的实际问题为研究对象的研究，它是教师专业化成长的重要途径之一，尤其是对民族地区教师自身素质和综合能力的提高具有重要意义。通过聘请大师和培养学校专业教师，学校于 2016 年秋在服装专业开设了刺绣和蜡染课程，苗语、民族音乐和民族体育成为全校必修课程，剪纸和苗鼓成为计算机、电子和汽修专业的限定选修课程。

四是深入挖掘，建设资源。民族文化课程资源是民族文化课程建设的核心内容，是民族文化传承的重要载体，是学生学习民族文化知识的主要途径。2015 年学校牵头成立由重庆民族文化研究院、县文化馆、县民宗委、湘西古歌文化传播有限公司、重庆蚩尤九黎集团等组成的民族文化研发中心。主要从事民族文化相关研究，挖掘民族文化内涵，开发苗家剪纸、苗家蜡染、苗家刺绣工艺流程，出版《苗家服饰》《娇阿依民族音乐》等 9 本特色教材，开发了与专业特色教材匹配的网络课程资源 3 门；收集整理《武陵山非遗作品成果集》等"枝芽式"课程资源。同时还开发了《龙凤呈祥》《鸟图腾套色系列》《娇阿依》等众多民族工艺品。其中《娇阿依》申请了外观设计专利，《春耕》《回娘家》等申请了知识产权保护，这些产品的开发既丰富了教学资源，同时也能增强学生的民族自信心和自豪感。

五是注重评价，强化管理。课程评价是课程建设中不可或缺的一部分，对于民族职校中民族文化课程的评价既要有对学生学业成绩的评价，又要有对老师的评价，还要有对所建设课程的各阶段的评价。民族文化课程是属于民族地区职业学校的校本课程，由学校自行建设和开发，因此，民族文化课程建设评价主要是学校内部评价。根据学校自身特点，我们的民族文化课程建设评价主要从评价主体与评价对象两方面入手。

民族文化校本课程实质上是一个以学校为基地进行课程开发的开放民主的决策过程，即校长、教师、课程专家、学生以及家长和社区人士共同参与学校课程计划的制订、实施的评价活动①。其实学校民族文化课程建设就是一个以学校为单位的课程开发共同体共同完成的一个课程开发活动，是一个集体决策的过程。因此，在评价上也要体现评价主体的多元性，要注意到各方面的观点和意见，要考虑到学校教师的观点，同时也要考虑到学生、家长、课程专家等对学校民族文化课程的个人观点和看法。除此之外，还要注重对学校民族文化课程自身的评价，从学校民族文化课程建设的过程来看，包括准备、编制和实施三个阶段，因此，学校民族文化课程建设的评价分为准备阶段的背景性评价、编制阶段的实质性评价和实施阶段的诊断性评价②。在民族文化课程建设的准备阶段，我们充分考虑学校师生的发展水平、民族地区文化资源情况等，即对民族课程建设的背景做全方位的评价，主要指针对与学校民族文化课程建设有关的学校师生发展水平、需求状况、资源基础和政策限度等方面的信息而做出的综合判断③。特别是在民族文化课程的内容上，做到了体现该地区的民族性，同时反映该地区的民族特色。对于一些伪民俗、伪文化我们坚决抵制，杜绝不入流内容进入民族文化课程中。因此，这阶段的评价我们做到了全面、严格。

在评价的过程中，我们非常注重评价过程的管理，学校专门成立了民族文化课程建设评价实施小组，专门进行民族文化课程建设监督和管理，以此促进学校民族文化课程建设，将民族文化的传承创新真正落到实处。

第三节　民族文化旅游专业（群）建设

专业群建设是产业转型升级发展、专业社会服务能力提升、专业教学资源优化配置和

---

① 吴刚平："校本课程开发的机遇与挑战"，《教育评论》，1999 年 1 月，第 54 页.
② 吴刚平："校本课程开发评价的基本框架"，《集美大学教育学报》，2001 年 1 月，第 58 页.
③ 吴刚平："校本课程开发评价的基本框架"，《集美大学教育学报》，2001 年 1 月，第 59 页.

学校专业布局等专业建设能力提升的具体表现；是职业学校服务区域经济社会发展的主要载体；是职业学校培养高素技术技能人才的重要单元；是激发学校办学活力，促进学校改革发展的内生力。民族文化旅游专业群建设基于民族文化旅游产业和区域优势：彭水地处重庆"一区两群"的渝东南武陵山区城镇群，民族文化旅游是彭水县支柱产业，重点突出"山水""民俗"特色；围绕区域经济发展定位和民族文化旅游产业链，学校组建了以旅游服务与管理、服装制作与生产管理专业为核心，民族工艺品制作专业、中餐烹饪与营养膳食、学前教育、计算机应用为支撑专业的民族文化旅游专业群。根据专业群建设的核心要素，围绕专业群建设人才培养、课程体系、资源开发、师资培养、教学改革等要素确定了专业群建设内容并努力探索中职学校专业群建设途径。

一、民族文化旅游专业（群）建设的价值

一是能对接区域文旅产业融合发展。"专业群"建设的基础是产业集群发展，是区域经济发展和产业发展的重要组成形式，专业群对接产业群是满足产业对复合型技术技能人才需求的必经之路。近年来，彭水将民族文化旅游产业定位为自己的支柱产业，并以全域旅游发展理论为指引，依托阿依河、乌江画廊、摩围山丰富的自然旅游资源打造了一个5A和两个4A级景区；围绕彭水深厚的民族文化历史底蕴，打造了"蚩尤九黎城"。重点突出"山水"和"民俗"两大特色。区域经济发展定位和产业转型升级是职业学校专业建设的风向标，基于全域旅游发展需求，单一的旅游专业培养的人才已经无法满足企业对人才的需求，只有围绕民族文化旅游产业链构建民族文化旅游专业群才能实现专业与产业对接，也才能培养企业需要的复合型人才。

二是能适应国家政策要求。国家职业教育改革实施方案中的具体目标指出，要建设50所高水平高等职业院校和150个骨干专业群，重庆市中职高水平专业群建设是从2018年的《重庆市教育委员会重庆市财政局关于实施高水平中等职业学校建设项目的通知》（渝教职成发〔2018〕8号）开始的，文件明确提出在高水平中职学校建设项目中要建设1—2个专业群。该政策提出的关键是产业升级和经济结构调整不断加快，职业学校单一的专业发展已经无法满足现代产业发展的需求，因此，作为为社会经济发展提供人才和智力支撑的职业教育必须改革，要由单一的专业建设向复合的专业群发展转变。作为重庆市高水平项目建设学校必须适应国家宏观政策要求，努力打造服务于区域产业集群发展的专业群。

三是能促进学校品牌发展。我国产业的转型升级为职业学校人才培养提出了新的挑战，这就要求我们对原有的专业结构进行调整和转型升级，要实施各专业融合发展，实现

资源共享，最终提高专业的整体竞争力和形成具有一定影响力的专业品牌。专业群建设是实现这一目标最好的途径。首先，学校围绕地方经济发展需求对全校的专业进行分析梳理并确定核心专业（学校未来发展的方向），围绕核心专业并基于岗位相近和技术相通的原则组建了民族文化旅游专业群。在这一过程中，学校就完成了专业发展定位和专业动态调整。其次，学校根据重建的专业群搭建产教平台，整合已有的实训场地、课程资源和师资，实现资源共享，节约办学成本，提高了学校的办学效益。最后，学校围绕专业群模块化课程体系，打造教学团队，开发教学资源，实施教学改革，从而提高学校人才培养质量，增强社会服务能力，提升专业整体竞争力，实现学校的品牌发展。

二、民族文化旅游专业（群）建设的内容

一是建立健全专业群机制。学校组建由民间大师、非物质文化传承人、行业企业专家、一线技术骨干和专业教师构成的专业群建设指导委员会，制定《民族文化旅游专业群建设指导委员会章程》和专业群动态调整机制，深化与重庆九黎旅游股份有限公司、渝信川菜等10余家企业的校企合作，完善《专业群校企合作运行管理办法》《专业群课程实施评价方案》，推进校企深度融合，实现校企双赢。

二是探索"校企双元·统分结合·多式并进"人才培养模式。在专业群建设指导委员会的指导下，依托重庆市旅游行业、民族文化行业协会等组织，到重庆九黎旅游股份有限公司、渝信川菜、湘西百绘园等行业企业调研，明确专业群人才培养的岗位需求，获取岗位人员所需的基本素养、专业知识和专业技能，制定岗位能力标准，形成《人才需求调研报告》。邀请职教专家、专业群建设指导委员会成员，开展岗位职业能力分析，明确岗位典型工作任务，制定《岗位职业能力分析报告》和《专业群课程体系构建实施报告》。

深化产教融合实施意见，以"订单合作培养"人才培养模式为基础，与重庆九黎旅游股份有限公司、渝信川菜等企业合作，共同制订专业群人才培养方案，以课题形式开展研究，构建"校企双元·统分结合·多式并进"人才培养模式（如图6-1）。学校和企业共同为主体，第一学年统一学习公共基础课程和专业群基础课程，第二、三学年分专业学习专业方向和专业素质（证书）课程，建立"1+X"的主辅修制，主修1门专业，辅修另一门技能，给学生提供多项技能拓展，以便发挥学习潜能，面对职业变动更具有适应性。根据各专业特点在培养过程中采用订单式、现代学徒制、产学研销等多种专业人才培养模式同步并行。学校和企业共建共享教学资源、实习实训基地，做到通用能力与专项能力并重，从而进一步满足企业对复合型技术技能人才的需求，学生双证书获取率达到95%，最

终的研究成果在核心期刊发表论文1篇、获得市级教学成果奖1项。

三是构建"两平台+两模块"课程体系。以服务区域经济、彰显民族特色为目的，结合《岗位职业能力分析报告》《专业群课程体系构建实施报告》及专家建议，构建"两平台+两模块"的课程体系（如图6-3），将运用经验形成市级论文1篇。两平台由公共基础课平台、专业群基础课平台组成，着重培养学生的科学素养、人文素养、职业素养等可持续发展能力，为学生实现更高质量就业和职业生涯发展奠定基础。两模块由专业方向模块和素质拓展模块组成，专业方向模块主要针对各岗位核心职业能力和规范要求，面向不同岗位的专业方向开设，满足学生多样化选择、多路径成才的需要。素质拓展模块是为培养学生的复合能力而服务的，主要包括专业拓展模块和文化素质拓展模块，每位学生根据自己的兴趣爱好或发展需求至少选择两个素质拓展模块课程进行学习，以此来培养学生的岗位适应能力、迁移能力及终身学习能力。围绕课程体系，开发并出版《武陵山地理与旅游》《彭水地方民俗与乡村旅游》《苗族服饰裁剪与缝制工艺》《彭水地方特色美食》《幼儿艺术剪纸》《苗家蜡染》6门课程标准，开发《苗家烹饪》《苗家刺绣》《苗家蜡染》3门工艺标准。

四是深入推进理实一体化教学模式。制订《理实一体化教学模式改革实施方案》，组建由专业教师和兼职教师组成的教学模式改革小组，定期开展理实一体化教学模式改革研讨会，将项目教学、行动导向、案例教学、情景模拟等教学方法灵活运用于实际教学中，大力推广、应用信息化手段，形成"利用多媒体上理论课，利用仿真软件上体验实训课，利用产品加工中心上实践操作课"的理实一体、虚实结合的教学模式，实现理论和实训交替进行，直观和抽象交错出现，现实与虚拟交融互通，提高学生学习兴趣，提升学生实践应用能力。

五是开发共享型教学资源。编写并出版《彭水地方民俗与乡村旅游》《武陵山地理与旅游》《苗族服饰裁剪与缝制工艺》《彭水地方特色美食》《幼儿艺术剪纸》《苗家蜡染》6本教材。围绕专业群建设，以企业技术应用为重点，完善与课程相配套的教学资源建设，校企共同开发《彭水地方民俗与乡村旅游》《彭水地方特色美食》《苗家刺绣》3个教学资源库。

六是建设共享型实训基地。通过政、校、行、企合作，建设产、学、研一体化实训基地，最终建成集学生实训、加工生产、教师培训及员工培训为一体的共享型实训基地2个，其中一个是集客房服务、餐饮服务、导游服务、旅游推介、面点加工、美食展演等功能于一体的旅游服务实训基地；另一个是集服装裁剪、银饰制作、民族文化展览、民族器乐等功能于一体的民族文化实训基地。

充分利用合作企业资源，与阿依河、乌江画廊、鞍子苗寨、湘西百绘园、两江假日酒店、重庆金宏远教育集团6家企业共建校外实习基地3个，创新创业基地3个，拓宽学生就业渠道，提升就业能力，保障专业群学生就业率达到97%以上，企业满意度达90%以上。

七是打造多元化师资队伍。通过校内外培训、学术交流等方式，培养教师科研意识，提升教师能力素养。制定专业群带头人、专业带头人、骨干教师遴选标准及培养方案，培养专业群带头人1名、专业带头人6名、骨干教师10名、"双师型"教师17名，聘请10名行业企业专家或能工巧匠担任兼职教师，逐步形成一支师德高尚、结构合理、教学水平高、科研能力强、理念先进的师资队伍，教师团队获得市级层面奖15项以上，研究文章在国家级刊物发表1篇。

三、民族文化专业（群）建设的途径

在文旅产业集群发展背景下，学校紧紧围绕专业群组建、建设和成果运用三个环节，构建了以"找逻辑、做调研、构体系、建机制、组团队、养队伍、搞研发、推试点、提成果"为实施步骤的"三环九步"专业群建设路径。

一是寻找逻辑，组建集群。组群逻辑是专业群组群的核心，是专业群建设的前提条件。学校紧紧围绕区域产业需求、学校专业优势和办学特色寻找专业群组群逻辑，最终基于第三产业的区域优势、民族文化旅游产业链和旅游服务与管理核心专业资源优势的逻辑链条构建了民族文化旅游专业群（见图6-1）。

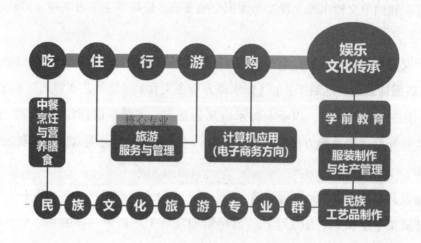

图6-1

二是广泛调研，明确需求。2019年1月，学校组织专业群中各专业教师从政、行、企、校四个维度开展广泛调研。通过调研，弄清企业人才需求，确定了"一岗多能、首岗适应、多岗迁移"的复合型人才培养目标。在专业群建设指导委员会指导下，围绕人才培养，构建了"校企双元·统分结合·多式并进"的人才培养模式（见图6-2）。校企双元是指学校和企业共同为主体，统分结合是指第一学年统一学习公共基础课程和专业群基础课程，第二、三学年分专业学习专业方向和素质拓展课程，多式并进是在学校订单合作人才培养模式基础上基于群内各专业的具体特点实施"产学研销""现代学徒制"等人才培养模式。

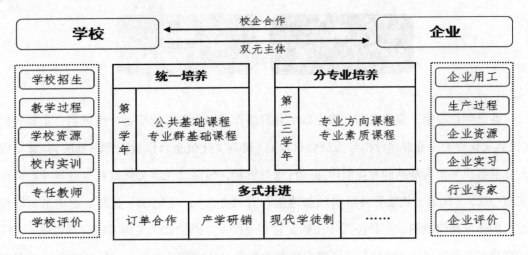

图6-2 专业群人才培养模式

三是论证分析，实施改革。民族文化旅游专业群于2019年3月23日邀请行业企业领导欧阳三寒等9人、一线员工14名、学校教师30名，参与岗位及岗位职业能力分析，对本专业群酒店服务、服装生产技术管理、产品营销、民间工艺品制作等23个岗位典型工作任务进行了分析。

通过岗位职业能力分析，明确专业群中各岗位需具备的素质、知识、技能三方面能力。根据职业能力需求，按照"底层共享、中层分流、高层互选"的设计思路，建立了"平台+模块"的课程体系（见图6-3）。基于课程体系构建报告，编制专业群人才培养方案并积极探索教学模式改革，以培养会研发、会制作、会销售、会传承、会学习的复合型技术技能人才为目标，构建了研—学—产—展—销"五位一体"教学模式（见图6-4），围绕教学模式开展理实一体化教学，并借助现代信息技术实施虚实结合的混合式教学。

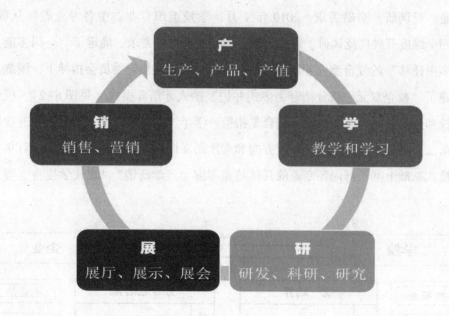

四是创新机制，集约管理。建立以专业群协作组织为重点的校企合作机制，主要包括《民族文化旅游专业群建设指导委员会章程》《民族文化校企合作运行管理办法》；建立以专业群组织架构为基础的专业群内部运行管理机制，包括《民族文化旅游专业群动态调整实施办法》《民族文化旅游共享实训基地运行管理办法》；建立以专业群就业质量为评价重点的质量保障机制，主要包括《民族文化专业群专业模块教学实施考核管理办法》《民族文化专业群选课实施办法》《民族文化专业群学分认定实施办法》《民族文化专业群兼职教师引入、评聘管理办法》《民族文化专业群兼职教师协议工资制》。通过一系列的体制建设，实现专业群集约管理，确保民族文化旅游专业群建设有序推进。

五是寻找伙伴，共建资源。寻找伙伴是专业群建设的核心内容，是实现深度校企合作、产教融合的重要形式。通过不断寻找校企合作伙伴来实现：一是校企合作有广度。学校以校企合作遴选实施办法为依据，与乌江画廊、深圳华文幼教集团、阿依河等企业共同打造了校外实训基地，实现教学与生产无缝对接；此外，学校与九黎集团共同建立创新创业基地，为学生提供了双创平台，提升了学生的创新、创业能力。二是校企合作有深度。通过政、校、企之间的资源整合与共享，打造了教学、培训、生产、研发、展示"五位一体"的校内共享型实训基地群，并使其成为"全真全岗全程"① 的专业群学习体验中心、技能训练中心、技能鉴定中心、技能比赛中心、产品研发中心和民族文化展示中心，从而

① 张良：基于集团化办学的示范性特色专业群建设路径研究，教育现代化，2019 年 6 月，第 84—85 页.

有效打造专业群特色实训基地。此外，校企双方共同开发《彭水地方民俗与乡村旅游》《苗族服饰裁剪与缝制工艺》等课程8门、教材6本和网络课程资源3门，共建民族旅游实训基地1个、大师工作室2个。通过寻找伙伴，共建资源，既丰富了专业群建设成果，又丰富了专业群的教学资源。

六是培养师资，提升能力。师资是人才培养质量提升的重要保障，专业群师资队伍建设是专业群建设的重点内容之一。围绕专业群建设总体要求，在师资队伍建设方面：首先，制定了专业群带头人、专业带头人、骨干教师、大师工作室以及教学创新团队遴选办法和培养实施方案；其次，实施"五个一"素质提升工程，要求培养对象每年必修精讲一门主干课程、参与一门课程资源建设、指导或参与一项比赛项目、撰写一篇科研论文、对接一所机构或企业。通过"五个一"素质工程形成"青年新手—骨干能手—行家里手"的专业群师资队伍培育链；最后，以课程模块化为组织单位，打造教学团队。通过一年半的培训、培养，教师们在课堂教学、科研能力以及技能大赛方面都有很大提升。

七是深入挖掘，研发产品。通过寻找伙伴和队伍的培养，学校牵头成立了由重庆民族文化研究院、县文化馆、县民宗委、重庆蚩尤九黎集团等组成的民族文化旅游产品研发中心，将非遗大师向秀平、高校教授余继平等人聘请为研发中心的导师，主要负责对民族文化旅游产品（对民族文化原生性进行探索和创新转化设计）研发、民族文化旅游专业群实训项目开发、研发中心的管理以及研发种子的培育。通过导师和其他成员一年的努力，研发中心共研发了《春耕》《牧童》《娇阿依》等文旅产品40余项，其中申请专利6项、知识产权保护23项；培育了研发种子6名，为研发中心注入了新的活力；共同研发创新了刺绣、剪纸、蜡染等实训项目27个，丰富了民族文化旅游专业群实训项目，为培养学生的创新精神奠定了良好基础。

八是试点运用，总结提炼。2019年9月，围绕专业群人才培养模式、课程体系、教学模式和评价模式改革遴选试点班级，通过试点，专业群学生流失率降低，获奖率、企业实践稳岗率明显提升。通过对试点进行评价总结，在专业群课程体系、教学模式、评价体系和师资队伍建设方面进行不断优化完善，通过三年建设，最终总结提炼出了具有鲜明特色的民族文化旅游专业群课程体系、教学模式和评价体系。

九是成果运用，服务社会。专业群建设的最终成果是为了服务区域经济发展，通过专业群建设，学校的社会服务能力明显增强。一是响应国家"乡村振兴""精准扶贫"政策，服务区域旅游产业发展，通过开展专业技术培训，助力国家精准扶贫。二是弘扬"非遗传承"，依托专业群大师工作室将专业知识和技术应用到区域"非物质文化遗产"的挖掘、保护及传承工作中，非遗作品远赴美、法等国家进行文化交流展示，将非遗文化推向国际舞台。

育人载体是实现育人目标的具体表现形式，在"文化自信"的大背景下，学校围绕"展民族精神、会民族技艺、懂民族知识"的复合型、创新型、可持续发展的技术技能人才的育人目标，通过民族文化校园环境打造、民族文化课程建设以及民族文化旅游专业群建设等具体方式，有效实现民族地区职业学校人才培养与民族文化传承创新深度融合，主动承担起传承和弘扬优秀民族文化重担并将一直在传承、创新优秀民族文化路上不断探索。

第七章 >> 学校育人方式与民族文化融合

2017 年，中共中央办公厅、国务院办公厅印发了《关于实施中华优秀传统文化传承发展工程的意见》，要求探讨职业院校技艺传承及非遗进校园路径，激发传统技艺活力，引领职业院校广泛开展传统文化教育。职业院校成为民族文化传承与创新的重要载体，推进职业院校民族文化传承与创新是提高技术技能人才培养质量，服务民族产业发展的重要途径[①]；创新人才培养模式，加快发展现代职业教育，提高职业教育人才培养质量离不开产教融合，离不开行业、企业、学校、社会等多方的共同努力，只有形成合力，通过区域协作、跨地域多元合作，才能促进职业教育发展，才能带动民族地区的经济社会发展[②]。彭水职教中心将育人方式与民族文化融合，充分结合创意公司、孵化基地、电商平台、职教集团、职教联盟，拓展民族工艺实训育人场域、教室育人场域、工作室育人场域、校园育人场域、双创空间育人场域，创新环境育人、活动育人、教学模式等方式，共同致力于非遗传承人才的培养活动，实现民族文化融合的学校协同育人方式。

第一节　民族文化育人主体协同

一、民族文化协同育人的特征

中职教育办学的开放性是由职业教育特殊性决定的，技能型人才的培养只有接地气，让专业与行业企业近距离对接，学生才会获得真知真学，且中职学生的职业信念、知识能力、专业情感等培养也离不开校企协同育人平台的搭建。但是，协同育人并非企业本来义务，中职学校要与行业企业结成协同育人的共同体，学校的服务力和企业的教育力是双方

---

① 教育部，文化部，国家民委，《关于推进职业院校民族文化传承与创新工作的意见》，教职成〔2013〕2 号.
② 管培俊. 民族地区同步小康与职业教育的使命〔N〕. 中国民族报，2018—05—11.

协同的结合点和建立长效机制的纽带。

第一，校企协作制定人才培养目标、创新人才培养方案。该专业为了适应协同育人利益相关方（政府、学校、行业、企业）的要求，全方位推进"协同型人才培养方案"的创新与改革。专业教师与行业企业专家共同对行业人才需求进行调研，剖析工作岗位的职业目标与工作过程，分析工作任务及岗位所需的专业知识、技能水平和职业素质，确定专业人才培养目标，再以人才培养规格为出发点，界定专业的关键知识、核心能力和综合素质，构建基于工作过程系统化的学习领域课程体系与课程标准，进而协同创新专业人才培养方案，同时明确"毕业证+资质证书"要求，完善选课制、导师制、学分认证制、弹性学制等教学运行管理方法。科学设定协同育人专业学习平台，突出职业复合能力培养，学生先在具有仿真性质的校内实训室中进行"教学做"一体化课程学习①，待熟练掌握专业知识与技能操作后，再通过实训、顶岗实习等方式提升技能与职业素质。

第二，校企协同以强化专业技能与人文素质培养为目的，校企协同开展专业课程建设改革，由专业教师、企业骨干、行业协会专家担任课程开发主体，建立课程开发和实施平台。校企双方协作通过分析主要就业岗位群和目标岗位工作流程，提炼出典型工作任务，按照目标工作岗位的职业素质与能力要求，完善以职业素质为基础、专业技能为核心、理论教学与实践教学体系相融合、专业课程标准与国家职业资格标准相衔接的，具有一体化新理论、新知识和新方法的核心课程体系。如，与重庆市九黎集团、渝信川菜、洲际酒店等企业合作成立的订单班，围绕企业核心岗位知识、能力、素质要求，引入行业职业标准，进行"学校课程+企业课程"的课程体系构建②。此外，注重企业文化的渗透，订单班的教室内外悬挂明显的企业标识、企业核心文化、规章制度和工作流程等，并将职业精神与职业素养贯穿于专业教育教学始终。学校还根据企业对人才培养规格要求，在保证核心课程教学的前提下进行专业课程调整，企业根据实际工作岗位需求设计企业课程与内容，制定课程标准、课程考核方案等教学文件。这样，学生理论知识学习、实践技能训练、职业素质提升能同步进行。

第三，基于"校企协同育人"理念，将理论与实践紧密结合开展工作过程系统化教学改革，创新了以实践能力为主线、以工作任务为载体、以项目驱动为导向的"教学做"理实一体化教学模式，以"岗课证"融通为准则，全面推行课程的项目化、情境化教学改

---

① 王进."教学做"一体化课程教学模式的实践——以集装箱的运输课程为例［J］.辽宁高职学报，2015—11.
② 陈翠利，刘奇.基于现代学徒制的城轨运营专业课程体系构建探索［J］.交通职业教育，2018—03

革，并依据工作实际任务创建真实的工作环境①。在课程教学中，教师根据工作需求设计教学案例，布置任务，采取分组教学形式，小组成员对任务进行研究探讨、信息搜集与分工合作，制订计划，再对计划进行实施，并反馈结果，最后进行评价总结，直至完成项目教学等程序。教学模式的创新能切实激发学生学习的积极性与创造力，不但提高学生课堂学习效率，使学生真正掌握专业技能与职业素质要求，而且能培养其自学能力、创新能力和团队合作精神。

第四，深化产教融合，强化校内外实习实训基地内涵建设。学校主动走出去，与市场及企业对接，引进企业先进资源，共同推进与整合校内外实习、实训等各类协同育人的教育教学资源，探索共同管理的具有实验、实践、研发和生产实习等综合功能的大学生校内外实践基地建设。对参加企业实训与顶岗实习的学生下达明确的实习任务与实习目标，且全程实行"导师制"，并由企业指导教师与学校专业教师共同进行考核与评价。校企双方共同创新人才培养质量评价内容，不但考核学生的理论学习成绩，而且结合企业技术标准和职业能力要求考核学生的实践操作技能、工作任务的完成、职业道德素养等方面。

第五，双师型师资团队是职业教育教学顺利实施的重要保障。专业教师应具备扎实的理论知识及熟练的操作技能，既能驾驭教学项目，又有丰富的操作实践经验。在协同育人的视域下，按照"产教融合、专业对接、课程衔接"的要求②，打造"专家引领、双兼互聘"的双师型专业教学团队，聘请技术骨干担任学校兼职教师，通过校企合作共同培养学生。建立校企师资互学互派、双向流动机制，使专业发展始终紧跟行业的发展。学校通过执教能力培训、承担教学任务、合作开发课程和教材、指导学生实训或职业技能竞赛、举办教学研讨会等形式来提高兼职教师的教学能力。同时，积极推进专业教师定期到有校企合作关系的单位挂职锻炼，及时获得领域的前沿技术，确保对学生实践能力的培养符合职业岗位需求，也使专业教师的实践教学能力、教学科研能力、社会服务能力、项目开发能力得到同步提升。

第六，产、学、研一体化协同合作，引领专业内涵发展。校企双方结合行业发展需求，融入企业生产所需新知识与新技术，以理论实用、够用为原则，协作开发专业课程与实践指导教材。教师与行业专家、企业业务骨干合作，共同制定教材编写思路、具体内容、考核标准，并根据流程、岗位职责标准，结合国家职业资格标准，设计实践教学模块和实践教学流程，共同开发了《渝东南导游》《娇阿依民歌》《苗家刺绣》《苗家烹饪》

① 李竞. 基于校企协同育人模式的《机械制图》课程教学改革与实践 [J]. 教育教学论坛，2016（000）026.
② 李天赠，黄红梅. 产教融合背景下的《家电产品设计》课程探讨 [J]. 工业设计，2019—02—20.

等系列教材。主动加强和参与合作企业的管理或技术层面员工的基础培训与学历教育，为企业提供专业技术研发团队，解决企业生产性技术难题，并通过完善校内生产实训基地为企业拓展生产提供便利，通过派教师到企业兼职进而成为企业中坚研发力量，促进产、学、研一体化发展①。

二、民族文化协同育人的机制

为走出困境，不少职业学校借鉴德国"双元制"以及英国"学徒制"等经验，改革和创新人才培养模式，提高人才培养质量，满足社会经济发展要求并取得一定的效果。但由于办学体制未能取得有效的创新突破，校企合作无法深度融合，行业企业的资源特别是技师（企业技术专家、能工巧匠）未能深度参与到专业人才培养的各个环节，企业无论在功能作用上还是法律地位上，都未能成为专业人才培养的主体，职业学校仍未能突破"单一主体"的传统培养模式，培养出来的技术技能人才仍无法很好地适应民族文化旅游产业集群的要求。鉴于此，学校与九黎集团等地方企业深度融合，共同成为专业人才培养的主体力量——"校企双主体"，构建民族文化协同育人机制并进行实践。

第一，构建民族文化协同育人类型。一是"校企双主体"中的企业主体，是指企业随着办学体制机制的深化改革，在办学和专业人才培养过程中，逐渐从功能作用主体走向法律地位主体；二是办学的最终落脚点是人才培养，因此，"校企双主体"办学在这里最重要的含义和本质要求，就是要构建一种融合双方优势资源的"校企双主体"人才培养新模式，即建立一种由两个培养主体（学校与行业企业）、两支培养队伍（专任教师与企业技术专家、能工巧匠）、两个培养阵地（学校与企业），共同完成专业人才培养任务的教育

---

① 黄雪涛，王海霞. 产学研协同创新教学模式改革探讨 [J]. 教育现代化，2019—06.

培养模式；三是企业作为专业人才培养主体，是指企业资源渗透作用于专业人才培养过程的各个环节，包括专业设置与调整、专业培养方案制订、课程教材开发与编写、专业技术技能教学、专业实训实践指导、教学与人才质量评价等方面，并在各环节的参与度超过50%的工作量，从而成为专业人才培养的主体力量；四是"校企双主体"办学的实质，是指在体制机制改革创新的条件下，校企双方实现资源协同办学和深度参与专业人才培养全过程，反映的是办学体制创新与专业人才培养模式创新。

第二，校企双主体协同育人，共同成立专业建设指导委员会，制定详细的人才培训质量标准，能发挥企业的主体作用，能够使人才更加符合市场的需求。应承担以下四项职责：一是为职业教育的相关政策的制定提供决策建议。专业建设指导委员会应由各高校、科研院所、行业企业的专家组成，这些专家了解行业发展情况，有着丰富的实际经验。二是制定职业培训标准和人才培训质量标准，并根据实际情况，适时对职业培训标准、人才培训质量标准进行调整。三是负责人才培训基地的审批、监督和考核。四是建立教师培训基地。按照职业培训标准，对人才培训基地的教师进行培训，实践课的教师主要承担职业培训模块的教学任务，突出的是技能性与实践性。

第三，创新民族文化协同育人机制。第一，共建托管公司，实行董事会领导下的总经理负责制：由政府、学校、企业等按照政校企资产混合、产学研协同发展和投资方共同治理的原则，共同出资组建托管公司。托管公司为企业法人性质，按照公司法相关规定设立和运行，公司章程另行制定。按照公司章程约定的产生方式，由股东会推选董事会成员和经营班子的主要负责人（含财务负责人），实行董事会领导下的总经理负责制。托管公司成为三方共同的新平台，成为新的利益纽带，受托管理二级学院日常工作①。第二，共建专业部，实行理事会领导下的部长负责制，由各方主体按照"市场导向""整合资源"和"服务社会"的原则，共同组建专业部。专业部组织机构主要包括分管副校长，专业部部长、副部长、干事 2 名。第三，形成各方共同治理的日常运行机制，按照"合法合规""务实高效"的原则，由托管公司章程和学院理事会章程共同约定，学院理事会与托管公司董事会实行"两块牌子、一套班子"管理，以利于降低学院运行成本，提高运行效率②。

---

① 潘健锋等. 混合所有制视阈下的现代学徒制人才培养改革研究与实践 [J]. 职教论坛, 2017 (18)：39.
② 王莺洁. 高等职业院校多元主体协同育人机制研究. 硕士研究生论文, 2018—5—27.

三、民族文化协同育人的措施

职业学校和企业分属不同的系统，有着各自的运行机制、管理方式和价值取向，是不同的利益主体。当眼前利益与长远利益、自身利益与社会利益出现矛盾时，合作双方往往会由于利益冲突而影响合作的推进。因此，制定并完善相应的政策、法律法规是实现校企协同育人可持续发展的重要保证。

（一）政府要建立权威的校企合作准则

完善现有体制，保障合作双方的合法权益受到应有的保护。政府要在税收减免、财政补贴、明确知识产权、合作项目经费筹集等方面出台并完善相关政策以更好地鼓励企业参与到校企合作当中。同时，政府要引导企业结合自身经营状况、发展目标等，积极承担社会责任，进一步完善市场行为基础上的校企合作管理制度。对于分担校企合作涉及的人力、财力和物力资源配置及合作技术与商业成果的市场竞争等均应给予企业一定的支持，促进企业与社会共同发展目标的实现。中共彭水苗族土家族自治县委、彭水苗族土家族自治县人民政府印发《关于推进新时代产业工人队伍建设改革的实施意见》（〔2019〕92号），明确"落实完善引导社会资本进入职业教育领域的优惠扶持政策，支持民营企业等各类办学主体通过独资、合资、合作等形式举办民办职业教育。通过公益性社会团体或者县级以上人民政府及其部门用于职业教育的捐赠，依照税法相关规定在税前扣除。鼓励社会捐助、赞助职业技能竞赛活动"。

（二）要加强校企协同育人的规划与引导

政府要鼓励学校采取走出去战略，加强与企业的紧密联系，使校企合作制度化、常态化。学校在政府的帮助下，引入重庆公司，采用引企入校的方式，学校提供场地，建立呼叫中心，为学生实习就业提供保障。学校与重庆九黎集团深度产教融合，建立订单班，成立研发中心，打造双创孵化基地。

（三）完善主动适应社会需求机制

社会需求是人才培养目标的价值导向和原动力。学校以社会需求为导向，依托自身优势并坚持立足现实、适当前瞻的原则，根据市场的需求与变化进行合理的专业设置与课程建设，并适时进行动态调整。近几年，学校先后新设立了康养休闲旅游专业和民族工艺品制作专业，以"立足九黎城，面向文旅产业"为发展思路，以"用企业实际指导学生教学"为校企合作的根本目的，以旅游和文化传承为核心构建出与产业紧密对接、内部结构严谨、资源共享明显、办学特色鲜明、育人成效显著的重庆一流文旅专业群。专业群紧贴县域文旅产业结构规划，围绕彭水支柱产业，聚焦服务面向，优化资源配置，动态调整专业群结构，推动了教育链、人才链和产业链、创新链有机衔接，有效服务企业技术研发和产品升级，为增强产业核心竞争力提供有力支撑。以县域"食、住、游、购和文化传承"的产业链为依托，组建以旅游专业（游）为核心，餐饮服务（食）、酒店服务（住）、服饰制作（购）、电子商务（购）、工艺品制作专业（购）为支撑的文旅专业群。专业结构更加贴近当前行业动态及地方经济发展要求，实现培养目标与社会需求相统一，提升了人才培养的针对性。对于实践性要求较高的课程，在行业专家、企业技术骨干全程参与的情况下进行课程体系的构建，突出能力培养特点，使课程与社会及岗位要求相适应。

（四）学校积极加强师资队伍建设

师资队伍建设是事关校企合作和人才培养质量的系统工程。学校坚持多层次、分类别的原则，在引进高学历人才的同时，还注意引进具有高技术、紧缺专业技能的人才，邀请企业一线技术人员、民间大师担任兼职教师，构建了一支"校企互通、专兼结合"的师资队伍[1]。同时，学校通过多种形式，充分调动教师的积极性和主动性，引导专业课教师以柔性的方式深入企业进行实践或参与企业技术项目，不断提升教师的教学水平和解决实际问题的能力。

第二节　民族文化育人场域拓展

布迪厄认为，社会科学真正的研究对象应该是场域。场域是一个相对独立的社会空间，其相对独立性主要表现为不同场域遵循各自独特发展的逻辑，拥有各自特有的调控原则[2]。场域的本质是行动者相互争夺有价值的支配性资源的空间场所。各种资源构成不同

---

① 宋燕辉. 高职院校"校企互通，三位一体"的教学团队建设研究 [J]. 长沙通信职业技术学院学报，2013. 04.

② 布迪厄·皮埃尔，华康德. 实践与反思：反思社会学导引 [M]. 李猛，译. 北京：中央编译出版社，2004.

形式的资本，每一个场域都有占主导地位的资本和属于自己的"性情倾向系统"即惯习①。学校须遵循育人价值标准与规范，尊重学生个性，激发学生学习内在动力与生活热情，建构学生个性发展、健康成长的文化场域。作为民族地区学校，培养高素质应用型人才、实践育人的目标是培养学生综合职业能力，根据不同的环境与育人功能拓展出实训室—教室—工作室—校园—双创空间五位一体的育人场域。

一、民族工艺融合拓展实训育人场域

紧密结合民族工艺品专业发展特色，面向全校所有专业的学生，打造苗族剪纸、刺绣、蜡染等民族特色实训室，旨在培养大量具有实际动手能力、创造能力的人才。实训以能力为导向、以学生为主体，在学生具备一定的美术能力和掌握一定专业需求知识后，通过手工制作实训来进行综合强化训练，有助于学生在拓宽与提升素养中融入职业角色，培养动手能力，建立起分析解决问题的能力，独立解决创作中可能出现的问题，培养应变能力和团队精神。

第一，实训室场域与民族工艺课程融合。作为高水平学校的培养目标明确的"工学结合""高素质人才"。学校除加强理论知识的学习外，还要着重培养学生的民族文化传承意识，提升学生民族技艺的动手实践能力和创新能力。实训教学在整个教学环节中的位置越来越重要，为了满足职业教育的改革发展需求，学校的课程都应该进行教学改革，合理

①　李全生. 布迪厄场域理论简析［J］. 烟台大学学报，2002（2）：146-150.

地增加民族实训课程，做到"产教学"相结合。加强实训室教学人才队伍建设和管理人员的培训，抓好实训教学质量，做到技术更新全面，让民族课程融合进实训室场域中。

第二，实训室场域与民族工艺资源融合。整体规划实现资源共享，学校在建设特色项目实训室方面，进行了充分的调研，结合行业企业的需求，调整课程比例及实训室的建设规划。与企业一起共同制订实训室建设方案，将民间传统技艺和民间艺人引进校园，也引进目前先进的设施设备。与企业合作的目的是提升学生实践操作技能，让实训教学质量得到提高，企业在文化宣传和企业精神方面也能起到推荐和宣传作用。根据全校的教学需要，实训室设备由学校生产实训科进行总体规划，由学校安排规范建设和投入管理，目的是为了避开实训设备的分散和重复购置。学校从大局角度上进行控制，实现全校资源共享、整体规划的格局，建成苗家刺绣、蜡染、剪纸、民族服装、银饰等实训室。

第三，实训室场域融合民族工艺后的效果。实训室育人场域在实训教学中突破传统模式，运用创新思维，充分挖掘民族传统文化底蕴，激发学生热爱地方传统文化的情感，促使他们树立传承与发展祖国传统文化的志向，进而完善专业实训功能，提高专业实训效果。实训室主要是为学生营造良好的教学和生产环境，让学生在实训的环节中，借助实训室丰富的资源，运用专业的基本知识和方法，发展创新意识和创造能力，感受各种材料的特性，合理利用多种材料和工具进行制作活动；提高动手能力，了解传统文化及艺术形式美感，提高对现代日常生活物品的审美评价能力，激发美化生活的愿望；养成耐心细致、持之以恒的工作态度。培养真正符合市场需求的人才，在实训室课堂中学习未来职场需求，从职场需求中体会传统文化和职业需求，从理论走向实践。实训室结合课堂内外，亦可开展一系列社团与特色课等学生创意活动，培养师生手工技艺的操作技能和技巧。该实训室还将积极开发与利用当地资源，作为培训基地，开展相关培训及竞赛活动。

二、民族传承融合拓展教室育人场域

一直以来，许多教师认为教室育人场域就是教师进行教学活动，学生接受教育、学习知识的地方。教室中有教师的传道授业解惑和学生的听讲练习，还有学生与学生、学生与教师的人际关系。教室中有文化，可以感染学生，要营造轻松愉快的学习环境，让教室、课堂成为师生共同劳动和创造的乐园。

第一，教室育人与民族传承的融合。教室是学生的"家"，学生是教室的主人，那么教室的布置，理所应当由学生唱主角。班级的教室布置中，充分发挥学生的参与意识和主体性，发动全体学生参与教室的布置。首先，学生查找民族文化常识、民族文化元素、民族文化传承技艺图片等知识和素材，然后集中讨论确定主题，由老师定夺主题与学校整体文化的融合性，明确班级自身的主题文化。在自己创设的舒适学习环境中学习，有助于激发学生热爱班级、热爱学校的情感，促进学生奋发向上，增强班级的凝聚力。古人云："大德无形，大化无痕。"优美的教室环境有助于培养学生正确的审美观念，陶冶学生的情操，激发学生热爱班级的感情，传承民族文化，从而促进学生奋发向上。

第二，教室场域空间与民族文化传承的融合。一是形态多样的民族文化元素，具有更大的灵活性。教室不仅仅是四面围墙围起来的简单空间，而是有更丰富的民族元素的空间结构，有多重分区和多种设计，能基于课程内容与方法的需要加以适度调整，从而和学与教的过程体现出更大的匹配性，灵活而开放。二是功能细化，一场多能。与结构形态的变化相随，教室的功能自然得到丰富和拓展。它是教室，也可以是民族文化展示区，可以是民族传承探究区，可以是民族技艺实验室，可以是民族技艺自主实践场。因而，师生可以步调一致地开展集体教学，也可以因人因组个别化异步活动。三是学习方式变化，多种学习成为可能。传统教室因为结构固化，调整空间有限，不利于多种学与教方式方法的应用。一旦教室的空间、功能被活化，学习方式也会相应被激活，集体学习、小组合作、个别化学习、情境学习、对话、模拟表演等都成为可能。师生对学习方式的选择可以做到因人而异、因学科而异、因内容而异、因情境而异，实现学生、任务、方式与环境的整体匹配。四是关系隐喻重构，超越"规训"。按照法国思想家福柯的观点，学校是一个充满

"规训"的场所，学校建筑的封闭、建筑物之间的队列、教室讲席与座席的陈设等无时无刻不在传递着"驯顺肉体"等多种隐喻，以此建立一种"秩序"①。教室场域空间从内在结构与配置调整做起，通过动态多元的民族元素组合无形中打破了物理空间内的对立式平衡，为新的关系隐喻创造了可能，这种关系隐喻下，每一个人的主体性和人与人之间的平等性更加彰显。

第三，教室育人场域融合民族传承的效果。教室是传承民族特色课程的主要场域，学校通过民族文化元素的融合，布置民族风教室环境，借助现代化技术手段传承民族文化知识。学生的品行、韧劲、豁达的风格得到很大的展现，从不自信到自信、从不自觉到自觉、从不展示自己到展示自己、从低头到抬头、从爱动手到会动手，学生各方面的能力显著提升，民族精神得以传承。2019年我校教师参加全国职业院校技能大赛教师教学能力大赛获三等奖1项、全国职业院校礼仪大赛一等奖1项、全国中职"教学之星"教学技能大赛一等奖1项。市级信息化教学大赛获奖5项，其中一等奖1项，二等奖1项，三等奖3项；市级技能大赛获奖18项，其中一等奖1项，二等奖5项，三等奖12项。民族舞蹈教师晏妮、张明明自编原创民族舞蹈《绣》在中国教育电视台2020年春晚播出。

三、民族大师融合拓展工作室育人场域

工作室育人场域是以民族大师工作室为载体，把民族专业课程、教室与民族技艺实践融合在一起，将传统的课堂教学转变为以实践为主的开放式教学，它以课程的基本理论知识为基础，以专业技术的实践应用为核心，专业教师变为项目主导，以承接技术项目为主要任务，将实践与教学紧密结合。在大师工作室中由民间大师（民族大师、非遗传承人）带领学生，在承接和操作实际民族作品项目的过程中完成知识的学习和民族技艺的训练。大师工作室是面向市场开放的，大师带领学生可以直接参与到生产实践中，教学的课堂得以延伸，不再只是教室、黑板、粉笔，而是延伸到了资料室、图书馆、实践工厂乃至整个市场，从而扩大了教学活动的范围，缩小了学校与社会实践之间的距离。

---

① 徐士强. 教室空间演变与意蕴创新［J］. 教育理论与实践，第34期，第14—18页.

第一，工作室育人与民族大师的融合。工作室制最早可以追溯到现代设计教育的摇篮——包豪斯（Bauhaus）。它是世界上第一所推行现代设计教育、有完整的设计教育宗旨和教学体系的学院，其办学思想的核心是坚持艺术与手工艺、科学技术与艺术的融合与统一。学校聘请了非遗刺绣大师向秀平、非遗蜡染大师李玉珍、剪纸大师冯从容到校从事民族工艺品制作专业的专业课教学。在实际教学中，民族大师采用手工艺传授的师徒制并与地方特色艺术训练相结合，在工作室中通过民族大师的传承技艺教育，使学生掌握和了解材料、工艺等技术和工艺的关系。教学育人的重点是对学生实践创造能力以及设计素质的培养，适应了现代社会对设计人才的要求，它对今天工作室教学在现代化教育中的推广和应用做出了重要贡献。

第二，工作室育人场域与民族大师的融合。建构主义教学观下，教师与学生不再是传统的"师生"关系，教师的主要任务是将学生引导到学习中来，并为学生创造出一个优良的学习环境与合理的课程安排。在工作室育人场域下，大师是学生学习的引导者，随着民族工艺品专业所涵盖的内容日益向各边缘科目延伸，不仅与旅游、历史、电子商务等学科相交叉，同时也与消费心理学、市场营销学关系紧密。因此在新时代背景要求下，对大师提出了新的要求，除了具备丰富的专业教学经验外，也要对与之相关的人文科学、社会科学、自然科学有所了解，形成一套相对完整的知识体系，带领学生走上一条更为宽广的专业道路。学生在进入工作室前，可根据自己的专业方向、兴趣爱好等各种因素选择想要加入的工作室。然后是导师对学生的选择，可依据学生上课时的表现、作业完成质量、与教师的交流程度进行反选。最后，由学校进行取舍调剂完成最后的师资配置。工作室通过边学、边做、边教，将理论教学、技术服务与实践融为一体，并且针对不同类型的课程采取不同的教学方式，如在技术类课程中提倡启发式教学，鼓励学生相互讨论、相互学习，以此激发学生学习积极性，强调在工作室教学过程中体验真实的工作气氛，即接到项目后，形成了产品"设计—开发—包装—销售"这一工作流程，提高了学生的实践操作能力。

第三，工作室育人场域融合民族大师的成效。以工作室为教学实践载体，与学校合作的几家公司都是由学校经过反复调研而选择的，并且许多企业负责人拥有丰富的教学与实践经验，有资格成为工作室的负责人。学校与公司间的合作包括成立苗家刺绣、苗家蜡染、苗家剪纸等5个"工作室"。学校牵头成立由重庆民族文化研究院、县文化馆、县民宗委、湘西古歌文化传播有限公司、重庆蚩尤九黎集团等组成的民族文化研发中心。将非遗大师向秀平、高校教授余继平等11人聘请为研发中心导师，主要负责专业建设指导、民族师资培养、民族产品研发（对民族文化原生性进行探索和创新转化设计，加强对研究成果的转化）等工作，同时制定了《民族文化研发中心工作制度》《民族文化研发中心导师评聘办法及激励机制》《民族文化研发中心"研发种子"遴选管理办法》《民族文化研发中心"研发种子"培养实施方案》等协同研发长效运行机制。在协同研发长效运行机制下，以产品研发项目实施为载体，组建研发共同体，从学校的专业教师、优秀学生中培育研发种子，培养了殷华容、王海燕、王利、周洪芳等6名学生"研发种子"和李玉萍、钱姜雪、王菊、谢芳春、张小游等5名教师"研发种子"。创作研发了《龙凤呈祥》《鸟图腾套色系列》《娇阿依》等民族工艺品。其中《娇阿依》申请了外观设计专利，《春耕》《回娘家》等申请了知识产权保护，《太阳花》《牧童》等多次获得市级"文明风采"一等奖。

四、民族文化融合拓展校园育人场域

校园育人场域可以让师生和广大员工保持愉快的身心，可以培育师生、员工健康的心理和正确的价值观念，可以促进师生、员工得到更加全面与和谐的发展，归根结底其目标和任务是育人。

第一，校园育人与民族文化的融合。培养、教育人是校园课堂最重要的功能。把学生培养成为社会主义建设事业合格的建设者和接班人是所有学校的努力方向，优良的校园课堂主要是通过校园环境、校园活动等发挥作用，教育、影响学生，以达到教育人、教化人、塑造人、熏陶人、培养人的目标，为社会服务，为社会主义国家服务。促进在校学生的社会化进程。校园课堂是学校文化育人的一个重要组成部分，也是社会文化育人的分支。校园课堂必然会受社会文化大背景的影响，社会文化中的思想观念、行为方式和价值取向等都会作用于校园课堂，校园课堂会自觉或不自觉地去契合现实社会和时代的要求，从精神、心灵和性格来实现对在校大学生的社会化塑造，实现校园人的社会化进程，有助于学校服务社会能力的提升。促进学校自身的可持续发展。校园课堂的开放性、包容性、民主性、创造性等能赋予学校师生独立精神，使他们能持续学习，不断超越。能让学校组织保持开放、自省、学习的作风和氛围，进而使学校精神得以传承，学校的发展与时俱进，并迸发出可持续发展的不竭动力。

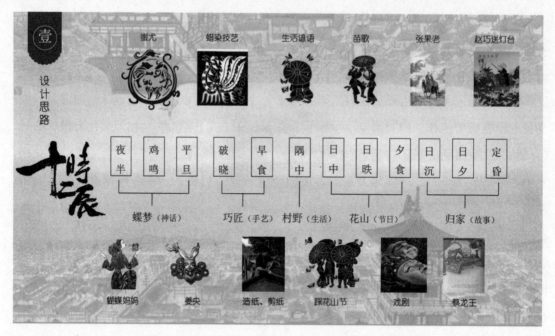

第二，校园育人场域蕴含民族文化。《国家职业教育改革实施方案》提出"全面服务终身学习"，每个人都要不断地进行终身学习。校园环境就是满足社会不断发展的要求，促进中华民族的不断发展，具有明显的民族文化特征。学生的价值观念呈现出多元化发展的趋势，在社会主导价值观十分模糊的状态下，我国民族的价值行为也陷入了不知所措的现况中。民族校园课堂的出现不仅是学校文化发展的根本动力，也体现出我国的民族特征。学校作为彭水地方民族地区唯一的中职学校，可以为当地提供科学理论基础、精神方向，帮助当地的中职学生向健康、文明的方向发展，纠正发展过程中出现的错误。另外，也可以帮助学生塑造自己的民族特征，在教授学生知识的过程中，培养学生的智慧、素养、责任和使命感，帮助学生塑造完善的人格，更好地体现我们的民族文化。因此，民族文化的再创造成为民族校园课堂的重要特征。校园课堂将中华民族的传统文化融入到教育过程中，主要包括精神文化、制度文化和环境文化，潜移默化地影响着学生的文化素养①。同时，校园课堂高举社会主义建设的伟大旗帜，将中华民族的优秀精神传承给学生，帮助其树立正确的人生观、世界观和价值观，培养当代中职学生的民族精神和主人翁意识。坚持以社会主义核心价值观"以人为本"的理念来建设校园，以民族文化为核心，

---

① 卞波. 试论校园文化建设对职业院校学生心理健康教育的促进作用 [J]，景德镇高专学报，2014. 01.

以尊师重道为原则，以培养学生为目的，促进民族文化、科学文化和社会主义文化的协调发展，将民族文化有效地融入到校园课堂中。

第三，校园育人场域融合民族文化的成效。依托学校地形，以十二时辰设计，将蝶梦神话（蝴蝶妈妈、蚩尤、姜央）、巧匠（造纸、剪纸、蜡染技艺）、村野生活（生活谚语）、花山节日（踩花山节、苗歌、戏剧）)、归家（张果老、赵巧送灯台、蔡龙王）展示出来，形成校园课堂展；围绕地方民族传统文化作品，分区域、分板块布展，让学生在现场展示技艺、展示作品，让更多的人和企业了解彭水地方文化，进而让学校实现特色化、品牌化发展，提升学校知名度，拓宽学生就业机会。通过校园育人场域展示学生优秀作品，树立学生自信心，激发学生兴趣，陶冶学生情操，提高学生鉴赏能力，让学生更多地了解民族文化，热爱民族文化，将民族教育特色品牌推向世界。

五、民族技艺融合拓展双创空间育人场域

双创空间育人场域是为了积极推进学校特色项目建设工作，在中等职业学校开展创新创业教育，是深入学习实践科学发展观、服务于创新型国家建设的需要，是深化中等职业教育教学改革、培养学生创新创业和实践能力的需要[①]。创新创业教育要以转变教育思想、更新教育观念为先导，面向全体学生，融入人才培养全过程，在专业教育基础上，以提升学生的社会责任感、创新精神、创新意识和创新能力为核心，以改革人才培养模式和课程体系为重点，大力推进中等职业学校创新创业教育工作，不断提高人才培养质量。通过实施民族工艺品创新创业教育双创空间建设，促进学校把创新创业教育工作摆在突出重要位置，积极争取各方支持，创造性地开展工作，树立有利于创新创业人才成长的教育理念，深化教育教学改革，转变人才培养模式，强化创新创业能力训练，培养适应创新型国家建设需要的高水平创新人才。

第一，双创空间育人融合民族技艺。首先是创新"原创展销"人才培养模式。双创空间育人场域应探索将创新创业教育有效纳入各专业部专业教育和文化素质教育教学计划和学分体系，将创新创业教育理念和内容融入专业教学主渠道，贯穿人才培养全过程。以提高创新创业能力为重点，探索与有关部门、科研院所、行业企业联合培养"原创展销"人才模式。改革教学管理，探索在教师指导下，学生自主选择专业（方向）、自主选择课程等自主学习模式。创新教育教学方法，倡导启发式、探究式、讨论式、参与式教学。改革

---

① 教育部关于大力推进高等学校创新创业教育和大学生自主创业工作的意见教办〔2010〕3号.

实验实践教学，加强综合性实践科目设计和应用，支持学生开展研究性学习、创新性实验、创业计划和创业模拟活动。改革考试方法，注重学习过程考查和学生能力评价，培养学生对创新创业的兴趣、爱好和思辨力。其次是具创新创业教育特色的专业课程体系。双创空间育人场域应探索将创新创业教育纳入到专业系列课程，建立多层次、立体化的课程体系①，突出专业特色，创新创业类课程的设置要与专业课程体系有机融合，创新创业实践活动要与专业实践教学有效衔接，积极推进课程体系、教学内容、教学方法和考试评价改革。应把创新创业训练项目作为课程开设，同时组织建设与创新教育有关的创新思维与创新方法等课程，以及与创业教育有关的项目管理、企业管理、风险投资等课程。加强创新创业教育教材建设，借鉴国外成功经验，编写适用和有特色的高质量教材。再次是构建学生创新创业训练体系，双创空间育人场域应探索构建基地内所有的民族工艺品制作专业学生在校期间有机会参与创新训练项目、创业训练项目、创业实践项目。在教师指导下，每个学生在具体项目实施过程中扮演一个或多个具体的角色，编制商业计划书、开展可行性研究、模拟企业运行、参加企业实践、撰写创业报告等。最后打造创新创业教育师资队伍，学校要有计划地支持教师到企业挂职锻炼，鼓励教师参与社会行业的创新创业实践。积极从社会各界聘请企业家、创业成功人士、专家学者等作为兼职教师，建立一支专兼结合的高素质创新创业教育教师队伍。从教学考核、职称评定、培训培养、经费支持等方面给予倾斜支持，定期组织教师培训、实训和交流，不断提高教师教学研究与指导学生创新创业实践的水平。鼓励在实训基地建立创新创业教育教研室或相应的研究机构。

第二，双创空间育人场域与民族技艺融合。学校将校企合作贯穿于专业建设各个环节，实施校企共同制订人才培养方案、专业课程体系、实习就业方案，共同建设实训场地

---

① 周合兵. 构建全方位、多层次、立体化创新教育体系的实践与探索［J］. 中国大学教学，2010 年第 9 期.

和创新创业基地，共同培养技术技能人才。学校与蚩尤九黎城文化发展有限公司、湘西文化传播有限公司、他蓝图时尚教育、重庆乌江画廊旅游开发公司、重庆摩围山旅游开发有限公司、重庆阿依河旅游开发有限公司成立产教融合双创孵化基地。与重庆市乡村振兴试验点庙池农庄等县内乡村旅游主要景点合作成立非遗体验基地。双创基地主要承担学生校外实习实训、游客体验和教师研发培训等任务，能同时容纳 50 人进行现场参观交流和学习。作为创新创业平台，既改善了专业的教学环境和教学条件，也将民族技艺有机融合到育人场域中，同时也为酉阳职教中心、绥阳职教中心、深圳华文幼教集团、重庆剪爱工艺品有限责任公司等众多兄弟院校和合作企业现场观摩考察提供了专业的场地。

第三，双创空间育人场域融合民族技艺的成效。通过双创空间育人场域融合民族技艺，推行线上线下全渠道融合发展营销模式，线下通过展销活动，与蚩尤九黎城、阿依河、摩围山等旅游景区合作，将学生作品投放景区销售。2014 年职教活动周期间，学生作品在展示活动中销售出 60 余件，激发了学生的创作热情；2015 年学生的作品在九黎城双创空间卖出 200 余件；2016 年，民族工艺品制作专业殷华容、王海燕、王利等学生在学校的帮助下，成立了苗韵文化传媒有限公司，线上与淘宝、京东、亚马逊等平台合作，通过微信、快手、抖音、腾讯整合电商资源，打造网销平台；承接了蚩尤九黎集团、乌江三峡有限公司、重庆他蓝图企业孵化器有限公司、颈泰健康实业有限公司等企业的民族特色产品订单。以文化产品、旅游产品订单为载体，将生产实践嵌入到专业教学，将教学过程嵌入到工作过程，学生在实践中感受民族文化，体验生产过程，学习专业技术，提升职业素养，培养创新创业的能力和营销能力。学生在校期间通过销售产品，增加了收入，减轻了家庭负担。

第三节　民族文化育人方式创新

一、环境育人创新

校园环境可分为校园物质环境、校园文化环境和校园人际环境三个层面。校园物质环境为学生创新思维、实践能力的培养提供前提和必要条件①。一个良好的物质环境能够激发创新主体的灵感，有利于创新思维的流畅性。校园文化环境倾向于文化、精神层面，是校园环境的核心，作为校园环境重要组成部分的教师既是教育者，又是研究者，是教学工作实施主体和科研工作的领军人物，承担着培养人才、发展科技的核心任务。教师实施创新教育的能力和水平对学生创新思维和实践能力的培养起着关键作用，创新教育理念、校风等校园文化环境潜移默化地影响学生创新思维的培养。在教育教学过程中，无论是教师群体，还是学生群体都对学生的思想、观念、行为、思维方式等带来诸多影响。按照一定的教学关系组织起来的教师群体，是学生进入社会的最初桥梁。学生在置身于教师群体的同时，还真实地生活在他们的同辈群体中，这是一个能为他们提供"镜子"的群体。

具有教育、引导、激励作用的校园环境是育人的最主要也是最重要组成部分。营造好的文化环境，是提高社会文明程度、推进改革开放和现代化建设的重要条件。有学者认为："一个学校其实是一种氛围，一种文化。一个学生进入学校学习学到什么当然重要，但更重要的是受到一种熏陶，被浸泡成一种人才。"因此，要充分发挥环境的教育导向功能，对学生进行思想引导、情感熏陶、意志磨炼和人格塑造，提高学生思想道德素质，从而起到环境育人的作用。校园环境内容丰富，它不单是指学生丰富多彩的校园文化活动，还包含学校的宿舍文化、网络文化、社会实践以及一所学校的校风、学风等。因此，学校创新民族特色文化校园，以十二时辰设计，将蝶梦神话（蝴蝶妈妈、蚩尤、姜央）、巧匠（造纸、剪纸、蜡染技艺）、村野生活（生活谚语）、花山节日（踩花山节、苗歌、戏剧）、归家（张果老、赵巧送灯台、蔡龙王）表现出来，充分展示民族精神、民族文化。同时还要倡导安全、文明、和谐的宿舍文化和网络文化。

---

① 杨鹏，宫萍. 校园环境对大学生创新思维能力发展的影响 [J]. 速读（下旬），2017. 07.

二、活动育人创新

学校坚持与时代同步伐，以学生为中心，以精神引领学生，用活动培育学生，着力打造民族精神文化引领工程，开展"四化"特色活动，形成活动育人新路径，为民族精神培根铸魂，注入活力，为学生可持续发展添砖加瓦。

（一）素质活动常态化

将苗族文化中民歌、民舞、竹铃球、刺绣、剪纸、蜡染、射弩等技艺列为学生专业素质课和社团素质课内容，全面开展民族民间技艺进校园活动，实现素质活动常态化。

1. 专业素质课常态化

2014 年学校将民族体育、民族音乐、民族舞蹈作为公共素质课在全校开设；2015 年，结合专业特性，学校在公共素质课的基础上，又将民族课程作为相关专业素质课开设，旅游专业开设苗语课，幼教专业开设剪纸课，服装专业开设刺绣蜡染课，烹饪专业开设苗家美食课，计算机专业开设民族工艺品电子商务课，汽修专业开设苗鼓课，数控专业开设苗龙课，让民族文化进课堂、进课程，助力学生专业成长。

2. 社团素质课常态化

以民间大师和学校民族类教师为主体，组建社团素质课教师团队，开设民族舞蹈、民族音乐、苗鼓、竹铃球、民族健身操、射弩等 63 个社团，实行团委统筹、班委管理、学生会监督的学生自我发展三级管理体系，每周二、周四下午规定时间、规定地点开展全员参与的素质活动，培养学生乐学善学、勤于反思的意识和习惯。

课内课外双向合力，共同推进民族文化"六个一"素质工程，即会一种民族语言（简单的苗语交流）、会一首娇阿依民歌、会一种少数民族舞蹈（以苗族、土家族为主）、会一门民族传承技艺、会一项民族传统体育活动、会一道苗家菜制作，构成学校特色课程育人体系。

（二）特色活动节日化

根据我县"文化兴县、旅游富县"战略部署，结合具有国际影响力的"节-赛"系列活动，我校深入开展"苗族的节日"节赛活动，实施民族传统节日校园振兴工程，引进改造苗年、女儿节、龙华会、社公会等传统节日，丰富文化内涵，形成独具特色的民族体育活动节、踩花山节、民族作品展示节、艺术活动周等节日，实现特色活动节日化。

1. 设立民族体育活动节

每年十月的苗年是我县苗族人的重大节日，素有开展传统体育比赛的习俗，因此学校以苗龙、射弩、竹铃球、民族健身操等民族传统体育运动作为比赛项目，在每年农历十月的第二周开展民族体育活动节。

2. 开展踩花山节

依托农历四月初八蚩尤祭祀活动暨踩花山节，与蚩尤九黎城景区合作，学校民族舞蹈教师编排祭祀舞蹈、民族音乐教师编排踩花山节目，学生作为演员到亚洲最大的苗族祭祖圣地——九黎城参加祭祀大典和踩花山表演。

3. 设立民族作品展示节

依托校园民族文化长廊和天下九黎双创空间为师生搭建校内外展示平台,在每年十一月龙华会之际,开展为期一周的民族作品展示节。民族技艺大师现场表演作品创作,民族工艺专业学生指导非专业学生现场学习,电子商务专业学生负责线上线下师生作品展示。

4. 开展艺术活动周

每年农历九月社公会,以"传承民族文化,弘扬工匠精神"为主题开展艺术活动周活动。活动周期间,周一举行盛大的开幕式暨文艺会演,周二、周三举办师生技能大赛和书画、摄影作品展,周四举行民族服装创新作品发布会,周五举办闭幕式暨颁奖仪式,全校师生载歌载舞,欢度节日。

(三)展示活动系列化

依托民族歌舞展示活动、民族工艺品展示活动、民族体育展示活动等项目,搭建多元展示平台,做好民族文化教育成果展示,实现展示活动系列化。

1. 开展民族歌舞展示系列活动

通过收集整理各地方苗族音乐,出版《娇阿依民歌精选》教材,展示地方音乐的多样性;改建民歌合唱、民族舞蹈等实训室,为学生提供良好的展示平台。邀请民歌、民舞非遗传承人进校园任教，教习师生民族歌舞，制订"校园民族艺术活动节""校园好声音""民歌合唱节""校园民族舞蹈大赛"等实施方案，开展"校园好声音""民歌合唱节""民族舞蹈大赛"等系列活动。组织娇阿依艺术班24名学生到美国加州、中国台湾进行民族艺术巡演。

2. 开展民族工艺品展示系列活动

以渝治会、渝交会、黄炎培杯非遗创新大赛、蚩尤九黎城祭祀大典、职教活动周、社团活动展示会为展示平台，开展大师作品展、师生优秀作品展、创新创业作品展等系列展示活动，展出师生制作的苗族剪纸作品、苗族蜡染作品、扎染作品、苗族刺绣作品、苗族银饰作品、民族服装作品。

3. 开展民族体育展示系列活动

以民族体育活动节为展示平台，邀请民族体育类非遗传承人助阵，开展民族体育竞赛、民族体育表演体验互动、民族体育文化论坛等系统活动，组织师生参加重庆市少数民族运动会、全国少数民族运动会舞龙、射弩、竹铃球、民族健身操等民族体育系列比赛。

（四）文化活动主题化

以提升学生文化底蕴为出发点，以彰显学生个性为立足点，将民族文化传承与保护、民族传统文化与现代文化兼容、民族文化自信、民族文化促乡村振兴列为主题，开展知识竞赛、民族文化大讲堂、朗诵比赛、送文化下乡等活动，夯实学生文化基础，促进学生自主发展，提升学生社会参与度。

1. 以民族文化传承与保护为主题，开展民族文化知识竞赛

以苗族文化知识和中国传统文化知识为双核，提前公布民族文化知识题库，学生自主练习，再通过"班级—专业部—学校"三级竞赛机制，完成全校选拔，在旅游多功能厅进行决赛，提升学生文化基础。

2. 以民族传统文化与现代文化兼容为主题，开展民族文化大讲堂

主讲人分为教师和学生，邀请民族文化专家进校开展民族文化讲座，加强学生民族理论教育和现代审美教育。学生通过民族历史故事新讲、民间传说故事新讲、现代生活中的苗族精神演讲等活动竞选成为民族文化大讲堂的主讲人，以全新视角为同学们讲述民族故事、阐释苗族精神。

3. 以民族文化自信为主题，开展诗词朗诵大赛

学校在重视民族手工艺品创作的同时，倡导对中国经典名篇佳句的吟咏诵读。以优秀古典诗词吟咏诵读为核心，辅以民族音乐、民族舞蹈、民族戏剧等多种表演形式，进行诗词朗诵比赛。将诗词古韵与学生的蓬勃朝气融为一体，丰富学生的文化生活，夯实学生的人文底蕴，培养学生的实践创新能力。

4. 以民族文化促乡村振兴为主题，开展民族文化进乡村活动

以娇阿依艺术班和民族工艺品制作班为载体，定期开展民族文化进乡村活动。娇阿依艺术班根据地方祭祀文化和流放文化，创编民族歌舞《祭》《遗风》等节目，到文化旅游景点进行演出，提升景点文化内涵；民族工艺品制作班学生与大师按照国内外市场需求，充分发挥本地资源优势，以鞍子苗寨石磨岩旅游景点、普感周家寨蝴蝶妈妈神话传说等为创作原型，创新制作刺绣作品《娇阿依》、蜡染作品《蝴蝶妈妈》、剪纸作品《娇阿依》等作品，进村开展培训，助推乡村经济产业发展。

三、教学模式创新

学校立足武陵山民族生态旅游产业集群发展的实际，基于培养民族地区复合型技术技能人才的定位，以民族文化传承创新为使命，在重庆市高水平学校建设等项目支撑下，确定了"会设计、会学习、会制作、会传承、会营销"五会合一的专业人才培养目标，并相应构建了"研—学—产—展—销"五位一体教学模式。

第一，研——成立民族文化研发中心，培育研发种子。学校牵头成立由重庆民族文化研究院、县文化馆、县民宗委、湘西古歌百绘园文化传播有限公司、重庆蚩尤九黎集团等组成的民族文化研发中心，聘请非遗大师向秀平、高校教授余继平等11人为研发中心导

师，建立协同研发长效运行机制。以产品研发项目实施为载体，从学校的专业教师、优秀学生中培育研发种子，组建研发共同体，创作研发了《庆丰收》《鸟图腾套色系列》《苗花》等系列民族工艺精品。

第二，学——构建1+N教学内容体系，推行师带徒制。用"1+N"教学内容代替传统单一教学内容，以专业基本能力框架为基础，构建1个通识模块；以现代民族文化旅游产业集群需求为标准，构建研发、制作、营销等N个方向模块；以学生的复合能力培养为目标，开设专业前沿、民族文化艺术鉴赏、创新创业等N门选修课程。推行师带徒制，行拜师礼，签订师徒协议，以学生为中心，实施分层分类教学培养、组织"师徒结对同耕耘，匠心传承育新人"技能竞赛，促进师徒协同发展，建立师徒帮扶跟踪制，实现三全育人。

第三，产——建设生产型实训室，实现产学合一。集聚多方资源，建设研发、生产、装裱、陈列一体化的生产型实训室，成立苗家刺绣、蜡染、剪纸等5个大师工作室；与重庆蚩尤九黎集团、乌江画廊有限公司共建2个双创基地。承接蚩尤九黎集团、乌江山峡有限公司、重庆他蓝图企业孵化器有限公司、颈泰健康实业有限公司等企业的民族特色产品订单。以文化产品、旅游产品订单为载体，将生产实践嵌入到专业教学，将教学过程嵌入到工作过程，学生在实践中感受民族文化，体验生产过程，学习专业技术，提升职业素养，培养创新创业的能力。

第四，展——搭建立体化展示平台，推动以展促学。依托民族文化展厅、县文化馆、双创基地、电子商务平台、文化艺术馆、各级展览中心等场所，搭建立体化展示平台。在全国"黄炎培"杯非遗成果展、渝洽会等各级各类展会进行展示。通过平台展示学生优秀作品，树立学生自信心，激发学生兴趣，陶冶学生情操，提高学生陈列、解说、鉴赏能力，让学生更多地了解民族文化，热爱民族文化，将民族教育特色品牌推向世界。

第五，销——实施线上线下营销模式，助力精准扶贫。线上与淘宝、京东、亚马逊等平台合作，通过微信、快手、抖音、腾讯整合电商资源，打造网销平台；线下与蚩尤九黎城、阿依河、摩围山等当地旅游景区合作，将学生作品投放景区销售，推行线上线下全渠道融合发展营销模式。开展"职教之星"创新创业大赛，成立"苗韵文化"传媒公司，借助两个孵化基地，培养学生创新创业能力，实现民族文化产业助推精准扶贫的目标。

第八章 >> 学校育人平台与民族文化相融合

为深入贯彻党的十九届四中全会精神，落实《国家职业教育改革实施方案》《重庆市深化职业教育改革实施方案》《重庆市科教兴市和人才强市行动计划（2018—2020年）》等文件要求；进一步提升学校办学水平和人才培养质量，提高学校服务国家经济发展方式转变和现代产业体系建设的能力；充分发挥职业学校在民族文化传承中的作用，促进民族产业发展，服务地方经济发展，加强校企深度合作，提高学校的社会知名度和美誉度，提高学生的就业竞争力，实现社会、学校、企业、学生多赢的效果。众所周知，要搞好职业教育，从来不是一方独揽、独当，而是需要多方助力，凝聚多方智力，形成合力、张力、效力，形成潜力、竞争力，才能促进职教发展迈上新高度。在新的历史时期，在特定的地域背景下，彭水职教中心立足县域空间，扎根"世界苗乡"，依托县域民族民间文化资源、地方社会经济发展，"十三五""十四五"规划等战略布局，结合职业教育发展规划，切实将民族民间文化融入到职教办学中，不断深化产教融合、校企合作，携手构建"五元协同"民族文化育人平台，谋求生态、文化、经济、教育、社会的全面可持续发展。构建"五元协同"民族文化育人平台，不仅是贯彻落实国家产教融合发展战略的重要举措，也是深化学校教育改革的必由之路，还是提升学校办学水平的客观要求，具有重要意义。

第一节　民族文化育人的研究创新平台建设

在大众创新、万众创业的时代背景下，学校作为培育时代新人的重要场所，研究创新平台的建设，就显得格外重要。一个不会研究、不懂得创新的学校不是一个好学校，不是一个长远发展的学校；一个不会研究、不懂得创新的人，也不会成为一个优秀的时代新人。本节主要介绍学校民族文化育人研究创新平台的建设情况。根据学校发展的需要、学生发展的需要，学校不得不努力建设研究创新平台。在建设过程中，学校组建专家团队，成立民族文化发展研究中心、民族文创产品研发设计中心，助力学校发展，助力学生发展，助力文化发展。

一、民族文化发展研究中心

在历史新时期，国家越来越重视文化的传承与保护，创新与发展。2017 年，中共中央办公厅、国务院办公厅印发《关于实施中华优秀传统文化传承发展工程的意见》，意见指出要探讨职业院校技艺传承及非遗进校园路径，激发传统技艺活力，引领职业院校广泛开展传统文化教育①。为深入贯彻落实党的十九大精神以及《国家职业教育改革实施方案》要求，稳步推进职业教育为中国传统工艺的传承与振兴服务②，彭水作为重庆市唯一以苗族为主的少数民族自治县，依托得天独厚的自然资源、丰富多彩的民族文化、底蕴深厚的历史文化，聚力推进"文化兴县、生态强县、旅游富县"战略，着力做好"民族、生态、文化"三篇大文章，重视民族文化的传承保护和弘扬利用，不断推进民族文化大繁荣大发展③。学校作为文化教育的重要载体，理所应当不负使命，自觉承担起历史重担。

学校位于重庆市渝东南彭水县，是苗族人口最多的自治县，号称"世界苗乡"。彭水职教中心扎根县域，积极挖掘县域丰厚的民族民间文化，解读意蕴深厚的文化内涵，自觉承担起传承保护与创新发展优秀民族民间文化的历史重任，在扎实的田野调查基础上，将优秀的民族民间文化引进校园。但在调研过程中，学校老师发现县域内不少民族民间文化正消失踪迹，或已消失匿迹，特别以苗族文化为典型。苗语不会说了，苗服不穿了，苗歌不唱了，苗族文化习俗不遵从了……转而都是说重庆话、普通话，穿潮流服装，唱流行歌曲，度时代新节……优秀民族民间文化的生存发展，面临空前危机，引发深省。

彭水职业教育中心作为彭水苗族土家族自治县内唯一的中职学校，依托区域优势和办学定位，把民族民间文化的传承与创新当作职业教育不可推卸的历史使命，探索"整合资源、互惠互利、共同发展"的校企合作形式，深化产教融合，铸就"五元协同"的民族文化育人阵地，助推重庆市文化事业、文化产业发展。为了实现地方经济社会的发展、学校特色发展、优秀民族民间文化的延续三者协调、和谐、健康发展，学校特此召开专家座谈，商讨并顺利成立民族文化发展研究中心。研究中心由政行企校、研究机构、文化事业

---

① 《关于实施中华优秀传统文化传承发展工程的意见》，中共中央办公厅、国务院办公厅印发，2017 年 1 月 25 日.

② 《国家职业教育改革实施方案》（国发〔2019〕4 号），2019 年 2 月 13 日.

③ 重庆彭水县四举措推动民族文化大繁荣大发展，http://www.rmzxb.com.cn/c/2017-11-06/1860947.shtml.

单位、文化专家学者、民间大师、艺人、学校教师等成员组成。旨在同心协力，共同挖掘民族民间文化，协同助力优秀民族民间文化的传承保护，创新发展，促使地方经济社会的发展、学校特色发展、优秀民族民间文化的延续三者协调发展，共赢、共生、共长、共荣。

图8-1 民族文化发展研究中心

二、民族文创产品研发设计中心

在深度调研的基础上，学校将优秀民族民间文化引进校园，进行传承保护与创新发展。由学校牵头，联合政行企校、研究机构、文化学者、民间大师等组建民族文化专家指导委员会，一同研究民族民间文化的传承保护问题。经过几年校内实践探索，意识到一味地保护传承民族民间文化是行不通的。必须在新的时代背景下、社会背景下，努力探寻优秀民族民间文化的生存发展基点，在保持经典传统的基础上，努力创新，注入生命力，让这些民族民间文化适应新时代、新社会、新人物、新观念、新世界。

众所周知，文化的传承发展不仅仅依靠口头传习，更需要特定的符号载体来承载文化，体现文化，彰显文化内涵、文化精神。为了让传统的优秀民族民间文化适应新时代社会，更好地生存、发展、延续、繁荣，学校特成立民族文创产品研发设计中心。

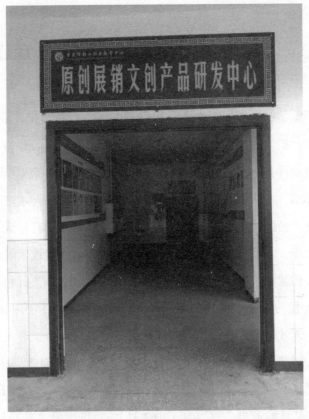

图 8-2 文创产品研发中心

民族文创产品研发中心成员由专家团队、学校老师、专业学生和对文创产品有兴趣爱好的学生组成。其中学校聘请冯 CR、田 SX、唐 XY、熊 W 等民族民间文化设计大师创新设计民族文化产品，根据个性化需求专门定制设计产品，并培养学校师生创新设计能力与思维。同时，学校通过聘请非物质文化传承人、工艺大师如向 XP、李 YZ、王 GH、麻 XJ、任 MS、王 J 等，进入校园成立大师工作室并担任我校相关课程教师，承担我校"师徒制"教学中师父的角色，培养我校专业教师成为本行技艺传承人，培养学生制作文创产品的能力。民族文创产品研发设计中心学生以 2019 级、2020 级民族工艺班善于思考，善于创新、热衷设计的学生为主，其余年级旅游、服装、康养专业学生为辅，全校文创产品研发设计爱好者为补充。

研发设计中心主要从事民族文创产品的研发与设计。研发中心配备相应电脑、显示器、投影仪、画笔、画板等设施工具；同时配备座椅、会议桌供人们研讨、设计，集思广益研究开发新产品。同时配备饮水机、茶水供人们享用，缓解疲劳。全体成员要勤于思考，守正创新，切实做好文创产品研发、设计等工作；及时传达最新文件精神、市场需求，研发设计满足需要的产品。研发设计出来的产品及时研讨跟进。

第二节 民族文化育人产教融合平台建设

产教融合是指职业学校根据所设专业，积极开办专业产业，把产业与教学密切结合，相互支持，相互促进，把学校办成集人才培养、科学研究、科技服务为一体的产业性经营实体，形成学校与企业浑然一体的办学模式，其本质是为了提高人才培养质量。由此可见，创新人才培养模式、加快发展现代职业教育、提高职业教育人才培养质量就离不开产教融合，离不开行业、企业、学校、社会等多方的共同努力，只有形成合力，通过区域协作、跨地域的多元合作，才能促进职业教育发展，才能带动民族地区的经济社会发展。基于此，彭水职教中心构建了"公司、基地、平台、集团、联盟"五元协同产教融合体系。

2017 年底国办印发的《关于深化产教融合的若干意见》中，明确指出了"深化产教融合，促进教育链、人才链与产业链、创新链有机衔接，是当前推进人力资源供给侧结构性改革的迫切要求，对新形势下全面提高教育质量、扩大就业创业、推进经济转型升级、培育经济发展新动能具有重要意义"①。2018 年重庆市人民政府办公厅印发了《关于深化产教融合的实施意见》（渝府办发〔2018〕162 号）②，指出要"校企协同，合作育人"。积极构建产教融合发展生态，着力推进产教协同育人。从某种意义上来讲，产教融合、校企合作是职业教育的一种办学模式，是办好职业教育的重要探索。2017 年，中共中央办公厅、国务院办公厅印发了《关于实施中华优秀传统文化传承发展工程的意见》，要求探讨职业院校技艺传承及非遗进校园路径，激发传统技艺活力，引领职业院校广泛开展传统文化教育。职业院校成为民族文化传承与创新的重要载体，推进职业院校民族文化传承与创新是提高技术技能人才培养质量、服务民族产业发展的重要途径③。

民族文化传承与创新要充分利用产教融合，来解决专业建设与产业需求脱节、课程内容与先进技术脱节、教学过程与生产过程脱节的问题。目前，学校在充分了解民族文化市场经济发展的情况下，把民族文化传承与创新实现产业链的发展，而产业链涵盖了民族产品设计、工艺制作、生产管理、质量检测、产品发布、陈列展示、营销物流和电子商务等

---

① 《关于深化产教融合的若干意见》（国发〔2017〕95 号），2017 年 12 月 19 日.
② 《关于深化产教融合的实施意见》（渝府办发〔2018〕162 号），2018 年 11 月 13 日.
③ 《关于实施中华优秀传统文化传承发展工程的意见》，中共中央办公厅、国务院办公厅印发，2017 年 1 月 25日.

环节。为了对应其产业链的各个环节，学校根据自身实际情况建立了具有民族元素的公司，进行生产和衍生品的销售；创立基地，配置设备对民族文化作品进行创新、体验以及产品发布；搭建电子商务平台，利用"互联网+"的手段，推动民族作品的线上推广；参加各类民族地区职教集团，深入了解各个地区的民族优势，取长补短，并利用其职教集团的优势搭建产品对外发布及展示的平台；充分整合开设有民族传承专业的职业院校、企业、政府部门、科研机构等，组建民族文化传承创新的产教共同体，共同培养、共同研发、共同推广等。

一、牵头成立非遗产教联盟

2018 年重庆市人民政府办公厅印发了《关于深化产教融合的实施意见》（渝府办发〔2018〕162 号），文件指出要"校企协同，合作育人"，积极构建产教融合发展生态，着力推进产教协同育人。从某种意义上来讲，产教融合、校企合作是职业教育的一种办学模式，是办好职业教育的重要探索①。2019 年 4 月，学校在重庆市职教学会的引领下，联合政府、行业协会、企业、院校、研究机构等 156 家单位成立重庆市独家"非物质文化遗产保护与传承产教联盟"，共同拟定联盟成员工作内容：一是充分发挥全体成员各自优势，拟定"非遗传承与保护"目录，建立工艺标准；二是把非物质文化遗产传承与保护产教联盟建设成为理论研讨、对外联络、产业发展的重要平台；三是发扬工匠精神，推行现代学徒制，加强品牌建设；四是发挥联盟优势、专家资源，深度挖掘非遗价值，加大非遗研究力度；五是扩大就业创业，促进精准扶贫；六是运用"互联网+"网络资源，搭建重庆非遗文化产品电商平台，实现资源共建共享。②

---

① 《关于深化产教融合的实施意见》（渝府办发〔2018〕162 号），2018 年 11 月 13 日.
② 重庆市职业教育学会召开非物质文化遗产传承与保护产教联盟筹备会，资讯动态 – 千城联播-大鹏新闻网，http：//mlzg.dpcm.cn.

图8-3 非遗联盟成立大会

　　非物质文化遗产传承与保护产教联盟成立后，学校以产教联盟为核心，建设重庆民族文化旅游专业群，不断将联盟单位建设成为中国非物质文化遗产保护基地、全国文化创意产业示范基地、青少年体验示范基地，使人才培养与区域民族文化产业相互对接，在民族技艺传授中实现技能学习与工匠精神培养相互渗透，既能够让学生学得"一技之长"，又能服务重庆区域文化旅游产业经济发展，促进学生创业就业，加强非物质文化遗产传承与保护工作，继承和弘扬民族优秀传统文化，促进社会主义精神文明建设①。

　　非遗产教联盟的成立，不仅为非遗传承人、非遗产业提供了一个深度融合、健康发展的平台，还将继续挖掘优秀传统文化，致力文化发展，推进民族传统文化传承和保护，共同打造长江经济带职业教育命运共同体，让非物质文化遗产传承与保护产教联盟更加绚丽多彩。彭水职教中心相继被彭水县文旅委、民宗委授予"彭水县少数民族传统文化传承基地"称号，被重庆市文旅委授予"重庆市非遗传承教育基地"和"非物质文化生产性保护示范基地"称号；被重庆市民宗委授予"民族特色学校"、重庆市"苗绣"生产基地称号。

---

　　① 重庆市职业教育学会召开非物质文化遗产传承与保护产教联盟筹备会，资讯动态－千城联播－大鹏新闻网，http://mlzg.dpcm.cn.

二、深化产教融合 校企合作

为了积极推进学校高水平特色项目建设工作，加强校企合作，推动学生及大师作品进入旅游企业，为学生创新创业提供平台，学校在扎实调研的基础上，广泛开展校企合作，深化产教融合。

（一）与蚩尤·九黎城开展校城合作

蚩尤九黎城位于重庆市彭水县绍庆街道与靛水街道接合部的亭子坝，东经摩围山隧道与彭水老城区相连，南接彭水新城，北至乌江并与湘渝高速下线互通。总建筑面积 11 万平方米，是国家 4A 级旅游景区。景区以苗族始祖蚩尤文化为主线，由 40 余处单体景观建筑构成，集苗族文化、旅游景区、游客接待于一体，继承和延续了苗族历史文化、民俗风情，重现"九黎之城"历史风貌，是展示和传承苗族文化的窗口和基地，彰显出的是苗族文化的厚重和丰富的内涵。它已经成为彭水最闪亮的城市名片、旅游名片，成为渝东南乃至湘鄂川黔渝边区旅游廊道上璀璨的明珠。2017 年 12 月，荣获"2017 重庆旅游·年度十大旅游目的地"称号。2018 年 12 月，荣获"2018 中国品牌旅游景区 TOP20"称号。[1][2]

2016 年，学校积极以重庆市示范校建设项目、重庆市高水平学校建设项目、《渝东南少数民族地区中职学校旅游专业地方课程资源开发利用研究》职业教育规划课题为支撑，以彭水国民经济十三五规划"三城两区"建设为依托，以培养县域支柱文旅产业人才为定位，组建以旅游专业（游）为核心，餐饮服务（食）、酒店服务（住）、服饰制作（购）、电子商务（购）、工艺品制作专业（购）为支撑的文旅专业群，以九黎城建设为引领，与重庆九黎旅游控股集团有限公司开展校城合作。为学生搭建优质的课程、资源、基地等成长平台和实习实践场地，从而培养了产业需要的复合型技术技能人才，实现"校城旅"深度融合。

学校在 2015 年对服务区域经济发展、专业群建设和深度产教融合等问题开展了深入的实践研究。制定"扎根县域、服务九黎"的专业群动态调整机制，设立了"娇阿依""九黎旅游""苗韵工艺"等订单班；构建了标准共建、师资共育、项目搭台的新型培养模式；设计了"两平台+两模块"课程体系；构建了"校城融通"双师团队；开发了"本土 IP"教学资源；以九黎城搭建的产教融合平台、非遗展示平台、文化交流平台、节目

① 张婷婷. 彭水民俗与乡村旅游概论［M］. 中国纺织出版社，2020 年 6 月，第 16—31 页.
② https://baike. so. com/doc/5574822-5789240. html.

展演平台为基础，建立双创孵化基地；借鉴德国双元制实训模式，建立了"校城合作"的开发共享型运营实训基地；制定了学生实习"师徒制"，探索了校城协同育人机制；创新了"校城互联"社会培训模式，以"智志双扶"方式助力县域精准脱贫工作，助推乡村振兴，服务县域经济发展。

图 8-4　重庆彭水蚩尤·九黎城

（二）与重庆旅投乌江山峡有限公司开展合作

重庆乌江画廊旅游有限公司是重庆旅投乌江山峡有限公司旗下的子公司，主要经营乌江画廊旅游风景区的开发经营。乌江画廊景区地处乌江中游及下游段，武陵山与大娄山的交叉褶皱地带。范围北起彭水自治县县城以南 3 公里的马鞍溪桥，西到阿依河的舟子沱，东至诸佛乡清河温泉及阿蓬江与黔江区交界处，南达贵州省沿河自治县县城以北千年乌杨处，线路长 100 公里，景区总面积 580 平方公里。景区集峡江观光、游艇体验、水上运动、民俗体验为一体，建有建筑面积 9207. 48 平方米的游艇俱乐部，拥有中式仿古画舫游船两艘、豪华游艇三艘。乌江画廊景区于 2018 年 6 月成功创建"国家 4A 级旅游景区"。乌江画廊景区内山峦雄奇，一里一景，风光旖旎、峡岸奇峰对峙，滩险壑幽，飞瀑流泉，嵯峨怪石，古树苍藤，珍禽异兽，景观奇特，蔚为大观，有"千里乌江，百里画廊"之美誉。乌江的山，有夔门之雄、三峡之壮、峨眉之秀；乌江的水，碧若琉璃。清代诗人翁若梅赞誉"蜀中山水奇，应推此第一"。乌江画廊景区荣获中国旅游总评榜"年度最受欢迎景区"称号,在最喜爱的旅游目的地(线路)评选活动中被评为"最诗意"奖。①②③

彭水职教中心立足民族地区,依托民族文化旅游资源,培养职业技能人才,服务民族地区经济文化发展。诚挚希望与彭水乌江画廊旅游有限公司合作,携手搭建互利共赢的校企合作平台,为地区经济文化和人才发展做贡献。2019 年 10 月 9 日,学校到彭水乌江画廊进行创新创业校企合作洽谈。公司经理陈先生也表示:公司非常愿意与地方学校一道,深度开展校企合作,这是一件互利互惠、有意义有价值的好事。之后,双方就合作项目开展多次商讨,涉及民族文化资源开发、资源共享、师资互派、民族文创产品展销、学生实习实训、跟岗就业等合作项目,最终达成合作。

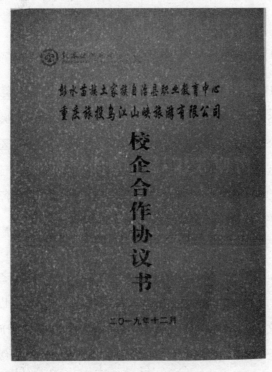

图 8-5　校企合作协议

① 张婷婷. 彭水民俗与乡村旅游概论 [M]. 中国纺织出版社, 2020 年 6 月, 第 126—128 页.

② 秦丹丹. 渝东南导游 [M]. 北京:中国纺织出版社, 2020 年 7 月, 第 75—76 页.

③ http://sanya.wabuw.com/jingdian-show-741.html.

图 8-6　乌江画廊合作调研

（三）与彭水阿依河风景区开展合作

阿依河地处重庆市彭水苗族土家族自治县，苗家人把善良、美丽、聪慧的女子称为"娇阿依"，阿依河因此得名。阿依河景区分为 3 个观光游览区（峡谷观光区、步游观光区、竹筏观光区），2 个休闲度假区（接待中心民族风情休闲度假区、牛角寨民族风情休闲度假区），2 个体验区（漂流体验区、户外体验区），1 个激情漂流区，1 个特色商品服务区。对外开放的游览项目有 8 大项目：峡谷听音、竹筏放歌、碧潭戏水、浪遏飞舟、情定苗寨、青龙天梯、青龙洞和青龙谷等。徒步穿行，可观奇花异草，古藤老树；在这里你可荡舟江上，享激流险滩、惊涛碧浪；也可夜宿山寨，品苗家美味，体验民族风情。这里是集休闲观光、民俗体验、户外攀岩及水上运动于一体的旅游首选之地。2008 年，被评为游客最喜爱的重庆"十大景区"和"十条旅游线路"之一，为"巴渝新十二景"之首。2009 年获"全国民族文化旅游新兴十大品牌"称号，是重庆生态旅游新宠。2016 年 12 月，被评为重庆十大人气景区。2020 年 1 月 7 日，被评为国家 5A 级旅游景区。[1][2]

2016 年，学校与彭水阿依河旅游度假风景区开展合作，携手搭建互利共赢的校企合作平台，为地区经济文化和人才发展做贡献。该景区负责人也表示：公司非常愿意与地方学校一道，深度开展校企合作，这是一件互利互惠、有意义有价值的好事。之后，双方就合作项目开展多次商讨，涉及民族文化资源开发、资源共享、师资互派、民族文创产品展销、学生实习实训、跟岗就业等项目，最终达成合作。

---

①　秦丹丹. 渝东南导游 [M]. 北京：中国纺织出版社，2020 年 7 月，第 77 页.

②　https：//baike. so. com/doc/5637598-5850225. html.

图 8-7① 阿依河风景区一角

（四）与彭水摩围山休闲旅游度假区开展合作

彭水摩围山景区地处重庆彭水县茂云山国家森林公园，属于彭水南部"百里乌江画廊"的中下段，总面积为 1910.2 公顷，距离龚滩古镇约 90 公里。景区内层峦叠嶂、峡谷纵横，除有石林、绝壁、天坑、地缝、溶洞等地质奇观外，兼有漫山云雾、日出日落等天象景观和古树参天、千里碧海等森林景观；同时，具有深厚的历史、宗教文化背景。2016 年 10 月，彭水摩围山景区荣获第二批"中国森林氧吧"称号。②③④ 2016 年，学校与彭水摩围山休闲旅游度假风景区开展合作，双方就民族文化资源开发、资源共享、师资互派、民族文创产品展销、康养休闲服务、酒店服务、学生实习实训、跟岗就业等项目开展合作。

---

① 图片来源：https：//baike. so. com/gallery/list? ghid=first&pic_ idx=1&eid=5637598&sid=5850225.

② 秦丹丹. 渝东南导游［M］. 北京：中国纺织出版社，2020 年 7 月，第 76 页.

③ 张婷婷. 彭水民俗与乡村旅游概论［M］. 北京：中国纺织出版社，2020 年 6 月，第 65—71 页.

④ https：//baike. so. com/doc/6161588-6374809. html.

图 8-8① 摩围山休闲旅游度假区

第三节 民族文化育人的创新创业平台建设

一、创立民族品牌公司，实现"学中做、做中学"

学校与重庆索派尔服装企业策划有限公司（他蓝图时尚教育平台）、湘西古歌百绘园文化发展有限公司以合股形式合作注册"重庆他蓝图民族艺术服装有限公司"，注册品牌"蓝绣汝亨"，建立"汝亨苗野原创品牌生活馆"，"把课堂搬进公司，让学生上课就是上岗"。推行专业课项目教学、仿真教学、一体化教学，让学生在真实的车间环境里"做中学""学中做"，让教学在完成真实产品开发或生产中开展，让"学生作品转化为企业产品，企业产品再转化为市场商品"，同时，改革评价模式，教学质量行不行，企业有话语权，专业教师与企业技师共同参与对学生的教学指导和评价。因而，在课程、内容、方

---

① 图片来源：https：//image. so. com/view? q＝%E5%BD%AD%E6%B0%B4%E6%91%A9%E5%9B%B4E5%B1%B1%E6%99%AF%E5%8C%BA&src＝tab_ baike&correct＝%E5%BD%AD%E6%B0%B4%E6%91%A9%E5%9B%B4%E5%B1%B1%E6%99%AF%E5%8C%BA&ancestor＝list&cmsid＝17359a27cfdd85a3c0d486a49eab41d5&cmras＝6&cn＝0&gn＝0&kn＝0&crn＝0&bxn＝0&fsn＝60&cuben＝0&pornn＝0&adstar＝0&clw＝251 # id＝db45f973efed1cd11e2bac6c443640de&currsn＝0&ps＝60&pc＝60.

法、手段、评价上突破传统的教学模式，形成了"作品转化为产品，产品转化为商品"的教学改革模式，取得了具有学校特色的职教教学改革新突破。

图8-9 校企合作签约仪式

二、建立双创孵化基地，搭建开发式合作平台

1998年4月，教育部在《关于深化教学改革培养适应二十一世纪需要的高质量人才的意见》中明确提出人才培养模式的概念，指出"人才培养模式是学校为学生构建的知识、能力、素质结构以及实现这种结构的方式，它从根本上规定了人才特征并集中体现了教育思想和教育观念"。基于此，学校与合作企业搭建开放式合作平台——双创基地，是为了能够更好地实现校企资源共创、共建、共享、共赢，实现人才供需对接与合作，把双创基地打造成学校教育教学、实习实训的第二课堂，将真实的项目带到教学中来，学生参与项目的设计、运作等各个环节，激发学生的创新创业意识，切实提高学生的创新创业能力。

三、"天下九黎"与"乌江画廊"

学校与彭水九黎集团合作建立集展销、文化推广与服务、民族文化体验、实习实训等于一体的双创空间，为学生创设真实存在的职场环境，让学生直接参与到行业运作的各个环节中，在生产线上就能接触到相关产业一手的运作方式、技术工艺及最新动态，获得更直观的创新创业体验，把他们的潜在生产力转换为现实生产力；通过此方式既培养了学生本专业领域的知识、人文修养知识、产业的前沿知识，也能培养学生理论联系实际的能力、逻辑思维能力及定向思维能力、适应社会的能力；更能培养学生的创新思维、创业意识、创新技能和商业经营意识，实现培养的人才具有多元的知识结构、能力和素质。

学校与重庆九黎旅游控股集团有限公司、重庆旅投乌江山峡旅游有限公司建立集民族产品制作、展销、体验和学生实习、实训于一体的"天下九黎""乌江画廊"双创基地，实现学生文化创新创业能力的共孵共化。

图 8-10　天下九黎双创空间

图 8-11　民族文化他蓝图创意孵化基地

学校对接产业链人才需求、岗位能力需求，开展调研分析，形成调研报告，充分认识到传统的教室育人完全无法适应新时代市场对职业人才的需求。深入解读和贯彻落实国家关于深化产教融合的文件精神下不断与区域文化产业、旅游产业交流、磋商、洽谈，开展校企合作，逐步构建了"校企双元，统分结合，工学交替"的民族文化育人模式。学生到企业岗位实习实训，提升岗位适应能力，增强岗位职业能力；企业优质员工到学校开展教学；教师到企业培训学习，跟岗学习，提升教师素质能力；与企业开展订单式培养。学生在校期间，可以到企业参与实习实训，学生毕业后可以到企业直接就业，激发学生创业兴趣。

四、创立苗韵文化传媒有限公司

在学校的大力帮助下，2018级学生殷 HR 成立彭水苗韵文化传媒有限公司，公司主要从事民族文创产品的研发设计、民族文创产品展销、旅游咨询服务、休闲度假等业务，年产值达 20 余万元。

图 8-12　苗韵文化传媒有限公司

五、搭建多维立体销售平台

建立云商工作室，实行"线上—线下"销售。将民族民间特色工艺的传承与学校计算机专业结合，发挥学校电商资源优势，为学生及教师创建淘宝网店，以网络为载体，运用网络社交媒体工具，将学生与教师生产出来的工艺品搬上网络舞台，更广泛地弘扬传播民族民间文化。近几年，学校不断搭桥引线，与京东、淘宝、亚马逊等多个平台进行合作，通过抖音、微信、微博等媒介，帮助学生实现民族文化产品线上销售，一改以往实体店传统单一的销售模式。

（一）传统线下销售平台

近几年，学校将民族民间文化引进校园，聘请民间大师入校授课，申请并开设民族工艺品专业，完成招生和人才培养。大力传承和弘扬民族文化，积极探索，勇于创新，在坚守传统经典文化内涵的基础上，不断创新创造，开发新的民族文创产品。如苗家药枕、抱枕、挂历、挂画、服装、灯罩、挂饰、笔记本等，还有蜡染、刺绣、剪纸三个系列的民族文化产品。诸如此类的产品，我们不仅实现研发设计、生产制作，更是拿到校内外各大平台、景区进行展示、销售、义卖。比如在校内开展义卖；到景区开设店铺，进行展销，供人体验；到各大展会进行展销；借助"三下乡"活动，到乡村送文化下乡。

线下通过展销活动，与蚩尤九黎城、阿依河、摩围山等旅游景区合作，将学生作品投放景区销售。2014年职教活动周期间，学生作品在展示活动中销售出60余件，激发了学生的创作热情。2015年学生的作品在九黎城游客中心卖出200余件。为了进一步让学生作品实现其价值，培养学生营销能力，学校在每年5月的民族文化活动月中，为学生开展校内民族工艺品展销会，让学生在此过程中真实体验销售过程，共售出300余件、除了校内、县内展销外，还带领学生参加如渝洽会、渝交会、中华职教社"黄炎培杯"非遗展等各大展销交流活动。

图 8-13　学校民族文化展厅

图 8-14　校内民族文化产品展销

图 8-15　参加各大展示会

图 8-16　在彭水蚩尤九黎城展销（左一、左二）、在庙池文化村销售（右一）

（二）线上销售平台

从党的"十九大"报告明确提出"深化产教融合、校企合作"，到《关于深化产教融合的若干意见》阐述深化产教融合的政策内涵及制度框架，再到 2018 年 2 月教育部等六部门联合印发的《职业学校校企合作促进办法》[①]，明确规定了校企合作形式、促进措施等，这一系列政策的出台，意味着职业教育改革已进入深水区，刻不容缓。产教融合背景下，职业教育应以新时代产业需求为引领，提高人才培养质量，实现人才供给侧和产业需求侧的深度对接、产业链和教育链的深度融合。"互联网＋"的发展，"一带一路"倡议的提出，物联网技术的迅猛发展，必将推动职业学校在民族文化传承创新中的变革，将民族文化传承创新与互联网进行结合，已然成为学校建设的重中之重和必经之路。

基于此，学校在充分考虑专业特性发展的基础上，毅然决然地搭建电子商务平台，它是一种"以工作室为载体，以专业教师为主导，以辅助教学和承接真实项目为主要任务，由教师带领学生承接和完成真实项目，将产、学融为一体，最终使学生综合专业能力得到提高的教学模式"。线上与淘宝、京东、亚马逊等平台合作，通过微信、快手、抖音、腾讯整合电商资源，打造网销平台；组建由教师、企业技术人员和学生构成的民族文化产品专业电子商务运营团队，该团队围绕平台操作规则、营销策划、数据分析、产品拍摄与上传、店铺装修、订单处理、包装发货等进行项目实战，既能让学生熟悉和了解相关的业务流程，又能基于真项目、真业务、真业绩的实践平台开展实战，以此提高学生的实践动手能力、教师的实战能力，让知识和技能应用于行动，实现知行合一。

图 8-17　电商实训室

第四节　民族文化育人的区域协同平台建设

产业链与人才培养链的脱节是职业教育人才培养过程不可忽略的问题，也是职业教育

---

① 教育部、国家发改委、工业和信息化部、财政部、人力资源和社会保障部、国家税务总局《职业学校校企合作促进办法》(教职成〔2018〕1号)，2018年2月12日.

创新人才培养的关键因素之一。人才培养中既要重视产业链对应的专业链之间的对接，同时也要关注具体专业教学中对产业链上下游环节所对应的专业进行认知，以培养具有全产业链意识和认知的现代化职业人才，而积极加入职教集团则是实现二者深度对接的核心。用好职教集团现有资源，充分发挥其优势，在"产教融合，协同育人"上尽量达到效益最大化，提高教育质量、提高人才培养水平具有重要意义。结合实际情况，学校加入武陵山职教集团、南川金佛山职教集团等带有民族地域特色的集团，且集团内部多是具有民族特色的职业院校、与民族文化特色相关的行业和企业，积极参与集团内部开展的技能大赛、师资培训、人才交流、对外交流，让民族文化传承与创新紧跟产业发展、推进教学改革，在实现人才培养提升的基础上，不断推广和弘扬民族文化。

一、武陵山职教集团

文化因交流而多彩，因互鉴而丰富。文化的交流互鉴，是推动人民文明进步与发展的重要动力。为深入推进武陵山职业教育集团化办学工作，加强校企合作，深化产教融合，促进职业院校、行业、企业和区域资源共享、优势互补、共同发展，学校积极加入武陵山职教集团，积极参与集团内教学交流、教学研究、教材开发，专业技能竞赛等，校企间通过互派师资、开发教材、共建实训基地、共同设置专业、合作技术研发等推进共建共享。

积极探索，建立行业需求引导、学校自主调适、专家论证指导、定期评估优化的产教对接和校企协调、激励、监督机制。以供需对接、互利共赢为原则，校企共同建构了对接产业链的技术技能人才培养链，推进生产育人一体化、企业员工"输血和换血"一体化、校园文化和企业文化一体化，以校企共建实训基地为平台，将理论教学和实际操作相结合，满足学生实习实训的需要，实施"淡旺互补""订单培养"等人才培养模式改革，共同培育中高级技术技能人才。其间，集团共建人才培养方案81个，制定课程标准179个，开发教材298本，共建实训实习基地391个，共同研发新技术、新工艺、新产品186项，校际互派教师近500人次，企业骨干到校担任兼职教师近800人次，院校选派教师到企业实践5000余人次。

学校积极与集团内其他学校就德育工作、教学科研、实习实训、招生就业等方面进行交流探讨。通过德育工作、教学研究、教材开发、人才培养模式改革、就业指导、实习实训基地建设、民族文化艺术传承等多个方面开展交流合作，共享优质教育教学资源。学校学生双证过关率达98.6%以上，参加省市级以上技能大赛年均获奖300项以上，毕业生就业率达95%以上，人才贯通培养学生规模逐年增加，从以往的3000人增至5000人；升学率稳步提升。

通过与集团内成员开展民族文化育人经验的共建共享，学校培养出懂民族知识、会民族技艺、展民族精神的复合型人才，广泛开展送技艺、送文艺、送政策三下乡和志愿者服务等活动以及农村适用技术培训。学校年均为各行各业输送 1000 人以上的毕业生，为区域经济文化社会发展提供技术技能人才支持与智力支撑，为乡村文化振兴贡献智慧和力量。

图 8-18　武陵山职业教育集团第二届理事会暨民族文化交流活动

图 8-19　武陵山职教集团民族文化交流会

二、金佛山职教集团

为更好地贯彻《国务院关于加快发展现代职业教育的决定》（国发〔2014〕19 号）①

---

① 《国务院关于加快发展现代职业教育的决定》（〔国发〔2014〕19 号〕），2014 年 06 月 22 日.

和教育部《关于加快推进职业教育集团化办学的若干意见》（教职成〔2015〕4 号）① 文件精神，不断深化职业教育改革，加强校企、校校的联系，进一步促进职业教育发展，更好地适应市场经济对职业教育发展的需要，发挥职业学校的规模优势和组合效益，培养行业、企业所需的专业技术人才和高素质劳动者，以更好地服务于地方经济建设和社会发展，学校加入了南川金佛山职业教育集团。

金佛山职业教育集团是由重庆市南川隆化职业中学牵头，以渝南黔北地区职业学校为主体，以合作企业、行业协会及其他相关企事业单位为基础，以"资源共享、互惠共利、协同发展"为宗旨，经重庆市教委批准成立的区域性职业教育集团，于 2017 年 6 月 16 日正式成立。集团以"资源共享、互惠共利、协同发展"为宗旨，联合渝南黔北地区职业院校、生产企业、工业园区，全力搭建校际合作、校企合作、教育与产业互动等平台，以大职教、大开放、大发展的思路，发挥联合、合作优势，拓宽办学空间，疏通就业渠道，建立适应市场、立足行业、依托企业、强化技能培训的现代职教体系，全面提升集团内各职业学校的办学质量，打造一流的职教集团，并探索山区发展职业教育的新路子，为推动渝南黔北地区经济发展做贡献。②③

彭水职教中心加入金佛山职教集团，积极参与集团内部事务，积极践行成员单位职责与义务。在职业教育发展的新形势下，面临各大机遇，也伴随各种挑战，因此，积极与集团成员讨论并制定职业教育的发展规划、办学形式和培养目标等重大事宜；积极和各成员单位定期对行业紧缺人才的培养规格、技能要求、知识结构及学习评价体系进行研究修订；结合成员单位实际，开展科研项目的立项、研究和鉴定工作，为学校专业发展与行业生产提供强有力的技术支持；积极与集团成员间互动交流，如开展集团学校间的合作办学、教学科研、教育管理、教材开发、技能鉴定、专业合作、实验实训、学术交流、师资互训等资源共享、优势互补相关活动；结合社会发展、人才需求，对接教育链、人才链、产业链，本着职业学校人才培养与企业岗位零距离对接原则，积极与企业行业开展交流合作，共商共讨职业学校专业设置、课程改革、教育教学管理、专业实训、生产实习、工学结合、订单培训等校企合作事宜，为企业培养高质量的实用型人才；同时学校还应积极搭建创新创业孵化基地、学生实习实训基地、就业基地，为学生提供宽阔的就业创业平台，切实做好学生毕业就业工作；除此之外，作为民族地区的中职学校，还应义不容辞地自觉承担起优秀民族民间文化的传承教育工作，推动校际、校企间文化的交流互动、挖掘研

① 《关于加快推进职业教育集团化办学的若干意见》（教职成〔2015〕4 号），2015 年 7 月 2 日。http：//www.moe.gov.cn/srcsite/A07/s3059/201507/t20150714_193833.html.

② 重庆市金佛山职业教育集团成立。http：//www.zjjtw.net/show.asp？id=1483.

③ 金佛山职教集团简介：http：//k.cqyxrm.com/news.asp？id=110&fid=110.

讨，协同推进民族文化保护与传承、创新与发展。①

图 8-20② 金佛山职教集团成立大会

① 金佛山职教集团章程：http：//k. cqyxrm. com/news. asp？id＝110&fid＝110.

② 图片来源：http：//www. zjjtw. net/show. asp？id＝1483.

第九章 >> 民族文化育人的校本实践效应

学校通过近十年的民族文化育人校本实践，学生的人文素养不断提升，获奖层次不断提高，就业水平和薪资逐年攀升，学生可持续发展进一步得到提升；教师专业发展稳步前进，科研水平和研究能力不断提高，近几年共发表论文 400 余篇，研究国家、省市级课题 10 余项，出版专著 3 本，开发教材近 20 门。随着学校高水平项目的推进，社会对学校的评价日益提高，社会满意度全面提升。

第一节　学校育人质量提升

通过学校"四元融合"文化育人模式的实践，学校学生综合素养全面提升，专业结构更加优化，师资队伍能力显著提升，社会影响力不断增强。

一、学生综合素养全面提升

所谓"学生发展综合素养"，主要是指学生应具备的、能够适应终身发展和社会发展需要的必备品格和关键能力[①]。综合素养是关于学生知识、技能、情感、态度、价值观等多方面的综合表现；是每一名学生获得成功生活、适应个人终身发展和社会发展都需要的、不可或缺的共同素养；综合素养发展是一个持续终身的过程，可教可学，最初在家庭和学校中培养，随后在一生中不断完善。

学生综合素养主要就是学生核心素养，共分为文化基础、自主发展、社会参与三个方面，综合表现为人文底蕴、科学精神、学会学习、健康生活、责任担当、实践创新 6 大素养，具体细化为国家认同等 18 个基本要点。

---

① 牛怀德. 育人从"心"开始 [M]. 北京：北京理工大学出版社，2018 版，第 3 页.

（一）学生综合素质提升

近几年以来，学校升入大学人数明显增加，从 2013 年 38 人升入本科，到 2020 年 209 人升入本科，99.8% 的大学升学率一直排列重庆市前列，其中旅游专业连续三年升本率排重庆市第一。技能考试优秀率达 68.9%，双证及多证获取率达 91%，高居重庆市同类中职学校前茅。

学生就业质量明显提升，毕业生就业率达 98.7%，就业专业对口率达 90%，学生平均薪酬年年攀升，由 2015 年平均 3245.71 元提升到 2019 年的 4691.33 元，其中 27 名同学到日本研修，研修期间月平均工资达 15 630 元。部分学生选择了自主创业，创业效果明显，王海燕同学与九黎城合作开办民族文化公司，年收入达 18 万元，王妮同学加盟中国平安公司北京分公司，成为平安公司北京首席推广人，年收入达 300 多万元。

学生积极参与社会实践活动，2015 年以来，学校组织学生参与九黎城祭祀活动、旅游节活动、民族文化宣传活动、对外交流活动达 15 000 余人次，活动基本做到全员参与，培养了学生热爱祖国、热爱社会、热爱劳动等品质。2019 年 4 月，我校娇阿依班学生代表重庆到美国、我国台湾地区进行文化交流，引起了强烈反响。2020 年 1 月，我校原创民族舞蹈节目《绣》登上中国教育电视台春晚，引起了国内外多家媒体的关注和赞誉。

典型案例：何代银，2017 级国际服装专业学生，通过在校期间的努力学习，顺利通过语言和技能考核，于 2018 年 3 月到日本进行研修，目前月平均工资超过 1.6 万元人民币。

王平，2013 级电子专业学生，2016 年就职于精成集团，2017 年考取工程师资格，目前年薪达 16 万元人民币。

（二）学生可持续发展向好

2019 年 5 月，学校聘请第三方调查公司对全校近 10 年毕业生进行了调查，共调查了近 10 000 个样本，现有固定工作近 7000 人，自主创业近 2500 人，待业不足 200 人。调查发现，78% 的毕业生对学校的培养非常满意，20% 的毕业生满意，只有 2% 不满意。83.7% 的学生认为自己适应社会发展，自身发展空间大，11% 的学生由技术岗走向管理岗。由此可得出，职业教育为学生发展奠定了坚实基础。

2010 年以来，学校共有学生创新作品近 10000 件，原创了《娇阿依》《遗风》《祭》等民族文化作品，获知识产权保护近 40 件。在九黎城、乌江画廊分别创建了创新创业基地，用于孵化民族文化创新创业人才，到目前为止，孵化基地培养了近 30 个专业化人才，为地方民族文创人才打开了新的培养途径。

2013年以来，由我校升入大学的人数近3000人，绝大多数学生已经走上工作岗位，受到用人单位的一致好评，用人单位反馈的情况是彭水职教中心的学生人文素质高、合作能力强、职业行为规范、吃苦耐劳、创新能力不错。

典型案例：向国瑞，2011级旅游专业学生，2014年考入重庆师范大学，2018年毕业后考入彭水职教中心，担任2017级旅游2班专业课任课教师，培养出重庆市旅游专业高考状元2人。

田小容，2012级计算机专业学生，2015年以优异成绩考入重庆师范大学，2019年考入彭水职教中心任教。

王迁，2013级电子专业学生，考上重庆师范大学，2019年考入彭水职教中心任教。

（三）社会满意度全面提高

一个学校的办学质量高低与社会满意度成正比关系，2012年学校做了一个满意度调查，家长对学校办学质量满意度不到39%，企业对就业学生的满意度不到50%，社会对学校的总体评价是：这就是一个打工学校，是一个养汉的学校。学校办学定位明确后，学校提出用5年时间改变老百姓对学校的不认可，一切向数量和质量要效益。2015年学校成功挤入重庆市第二批市级改革发展示范校建设，2018年又成功搭上重庆市中等职业教育高水平建设项目，通过项目带动学校发展，学生质量逐年提高，学校从2011年全市综合实力排名第92位提升到2020年的第7位，学生升学综合排名从第42位跃升到全重庆第3位，升学率高居重庆市榜首。

2020年学校通过第三方评价机构对学校办学水平进行评估，家长满意度达到97.21%，企业满意度更是达到99.1%，社会对学校的综合评价明显改善，家长普遍认为"这里不仅仅能学到技术，还能升学，同时还能全面提升学生综合素养"。

二、教师专业发展稳步前进

学校文化育人的效果明显，学校专业结构优化，师资队伍能力显著提升。

专业结构优化，新建现代民族文化专业群1个、教育部1+X证书试点6个、市级重点（特色）专业3个、市级紧缺骨干专业1个、现代学徒制试点专业2个、骨干专业1个。

队伍建设成效更显著，与县文旅委共同培养国家级非物质文化遗产传承人任茂淑，成功申报王光花、麻兴姐、汪莉、李玉萍、王菊等民族民间技艺大师5名，培养了黄胜利、许洁、彭位星 3 名市级教学名师及赵学斌等 13 名市县骨干教师。

科研成果更丰富，学校近几年共开展市级以上重点课题 3 项、县级重点课题 11 项，结题市级重点课题 2 项，科研成果获市县级奖励 5 项，其他各级各类获奖 1125 项。发表学术论文 200 余篇，核心期刊 2 篇。美育类教学成果获全国教学成果奖 33 项，其中《民族民间文化进校园，助力文旅产教深融合》获教学成果一等奖，《民族文化育人机制构建与实践》获重庆市政府教学成果奖二等奖。

第二节　学校办学特色彰显

一、先进的办学理念

面对新时代职业教育发展新形势，学校立足地方经济建设，创新发展理念，深化"12345"发展理念，即围绕重庆一流、全国有影响力、世界有交流合作的民族特色现代化中等职业学校目标，抓好高考班级和就业班级建设，实施"规模战略、品牌战略、产教融合战略"三大战略目标，夯实"质量立校、管理强校、特色兴校、产业富校"四大支撑，做靓"美丽校园、德育管理、技能高考、特色活动、信息技术"五张名片。

2020 年，学校为了适应职业教育新局面，提出对学校办学理念进行更新，经过专家论证，确定了"双苗教育"办学理念，即传承苗族文化、培育工匠幼苗的办学理念，实现扎根世界苗乡、建设特色名校的办学愿景。

学校严格实行制度管理、精细管理，不断完善机制建设，规范内部管理，建立健全了一系列规章制度，做到有章可循、有法可依，力求制度管理与人文管理并重，充分尊重教师的主体性和创新精神，激活、调动教师的积极性和创造力，培育和发展教师的教学能力，逐步实现与现代企业管理模式接轨。

学校坚持"以人为本""有教无类""因材施教"的生态教育观；坚持"人人成才""人人是才""人尽其才"的多元人才观，加强学生德育教育，实行准军事化管理和一日常规管理，逐步提升育人质量。

学校从稳规模、强内涵、促转型着手，以彭水县区域特色和市场岗位需求为基础，科学布局，开设特色专业，注重学生素质拓展，传承民族民间技艺，将刺绣、剪纸、扎染、蜡染、民族舞蹈、苗鼓舞、民歌等固化为学校特色课程。

永远在路上。学校将永远坚持贯彻"以升学与就业为导向，以学生为中心，以能力为本位，以服务为宗旨"的职业教育办学方针，积极实施生态教育，立足技术技能型高考，全面提升学校管理水平，全力推进教师能力建设，加快内涵发展，打造办学品牌，提升学校市场竞争力、影响力，实现学校、教师与学生共同发展，把学校建设成为德育管理示范校、教学改革示范校、信息技术示范校、民族文化活动示范校，实现重庆一流、全国有影响力、世界有交流合作的民族特色现代化中等职业学校目标。

二、独创的育人机制

学校扎根于全国苗族人口最多的"世界苗乡"——彭水苗族土家族自治县，基于立德树人与文化传承的双重教育使命，独创"四元融合"文化育人模式，实现文化传承与文化育人的有效融合[①]。

（一）育人目标与民族文化融合，培养文化共振的复合型人才

组织人才培养大讨论。2013 年起，学校组织团队，历时 18 个月、36 轮次、216 人到17 个苗族聚居地调研，确立将育人目标与民族文化相融合的发展思路；围绕"民族地区培养什么样的人"组织 10 余场人才培养大讨论，确立培育"展民族精神、会民族技艺、懂民族知识的复合技术技能人才"的育人目标。

开展文化育人深研究。成立文化发展研究中心，以全国民族团结进步示范校创建、重庆高水平中职学校建设等项目为引领，整合政行企校等多方资源，组织 30 余次"民族文化传承创新与育人目标"专题研讨，确立将苗族知识、工艺、歌舞、语言、体育等民族文化全要素融入育人全过程的目标体系。

（二）育人载体与民族文化融合，构建"一三五"融通育人格局

建立一个现代民族文化专业群。对接现代民族文化产业集群，将民族工艺品制作、旅游服务与管理、服装制作与生产、中餐烹饪与营养膳食、电子商务等 5 个专业集群发展，成立现代民族文化专业群，围绕专业群重构课程体系和资源体系。

构建三个模块课程体系。依据育人目标，通过工作岗位分析、职业能力分析，构建了公共基础模块、专业模块、素质拓展模块课程体系，实现公共教育与个性培养融通、文化

---

① 黄胜利. 民族地区职业学校"四元融合"文化育人模式构建与实践 [J]. 西部论坛, 2019, 12 上.

传承与文化创新融通、专业课程与民族文化融通、知识建构与实践体悟融通的课程体系。

打造五大校园民族文化工程。打造精神文化引领工程（升华一训三风，完善校歌校赋）、民族文化环境工程（校园一路一廊四室建设）、民族活动四化工程（素质活动常态化、特色活动节日化、展示活动系列化、文化活动主题化）、传承基地建设工程（民族文创研发基地、大师工作室、民族文化实训基地、民族文化展览馆、民族文创产品销售基地）、师生素质提升工程（教师理论学习、教育教学、科学研究三合一素质工程；学生六个一素质工程），将民族文化融入学校育人的方方面面。

（三）育人方式与民族文化融合，探索多元育人行动模式

打造"工作室—教室—实训室—双创基地"立体大课堂。建成苗族蜡染、刺绣等大师工作室5个，民族音乐、舞蹈等实训室15个，天下九黎、乌江画廊双创基地2个，形成以大师工作室为主阵地，教室、实训室、双创基地为补充的立体育人大课堂。

实施"研—学—产—展—销"五位一体教学模式。成立民族文化产品研发中心，以研促学；建立生产型实训室，推行师带徒制；建设民族文创产品基地，实施产学合一；搭建立体化展示平台，推动以展促学；实施线上线下营销模式，助力双创孵化。

推行"1+N"人生导师制育人模式。围绕一个目标，通过N种育人方式、N种育人载体、N种育人途径，开展一师多生结对活动，建立民族文化育人帮扶跟踪制，举行拜师礼，签订师徒协议；举办以学生为中心的"师徒结对同耕耘，匠心传承育新人"民族技能大赛、民族知识竞赛、民族文化大讲堂。拓展育人途径，丰富育人方向，增强育人效果。

（四）育人平台与民族文化融合，构建五元协同文化育人阵地

牵头成立非物质文化遗产产教联盟。学校联合政行企校、研究机构等156家单位成立全国首家"非物质文化遗产传承与保护产教联盟"，实现民族文化发展命运共同体的共生共长。

加入民族区域职教集团。加入武陵山等5个职教集团，参与集团内部人才培养经验交流与合作，实现民族文化育人经验的共享共荣。

创立民族文化品牌公司。成立苗韵文化传媒有限公司，与企业合作创立"蓝绣汝亨"民族品牌公司，实现民族文化产品的共产共销。

建立创新创业孵化基地。与重庆九黎旅游控股集团有限公司、重庆旅投乌江山峡旅游有限公司合作建立集民族产品制作、展销、体验和学生实习、实训于一体的"天下九黎"

"乌江画廊"双创基地，实现学生文化创新创业能力的共孵共化。

搭建多维立体销售平台。借助亚马逊、京东、淘宝等诸多媒介搭建电子商务平台，实现民族文化产品线上与线下多维立体的共展共赢。

三、开放的办学效应

通过近10年的实践与研究，民族文化与学校发展融合形成全国有影响力的品牌，在全国各级各类会议交流20余次，国家民委副主任李昌平、全国人大民族委员会主任委员肖怀远、重庆市副市长屈谦等领导来校指导工作；接待了中央民族大学、日本高龄福祉协会、中国台湾花莲少数民族交流协会等130余家国内外单位2100余人次到校交流学习；2020年我校原创民族舞蹈《绣》登上中国教育电视台春节联欢晚会；特色文化品牌在西阳、秀山、道真等全国25所同类学校推广应用；《中国教育报》《半月谈》、人民网等媒体报道成果100余次；学校建成重庆市民族团结示范校、全国民族团结进步示范校、全国民族团结进步示范教育基地、全国美育实践教育基地。学校荣获全国国防教育示范校、重庆民族团结进步先进集体等称号。

第三节　区域产业经济受益

一、助力脱贫攻坚

脱贫攻坚是民族地区的重要任务，2015年11月27日至28日，中央扶贫开发工作会议在北京召开。中共中央总书记、国家主席、中央军委主席习近平强调，消除贫困、改善民生、逐步实现共同富裕，是社会主义的本质要求，是中国共产党的重要使命。全面建成小康社会，是中国共产党对中国人民的庄严承诺。脱贫攻坚战的冲锋号已经吹响。立下愚公移山志，咬定目标、苦干实干，坚决打赢脱贫攻坚战，确保到2020年所有贫困地区和贫困人口一道迈入全面小康社会①。2019年3月5日，国务院总理李克强在发布的2019年国务院政府工作报告中提出，打好精准脱贫攻坚战。重点解决实现"两不愁三保障"面临的突出问题，加大"三区三州"等深度贫困地区脱贫攻坚力度，落实对特殊贫困人口的

---

① 习近平扶贫新论断：扶贫先扶志、扶贫必扶智和精准扶贫. 中国经济网. 2016年1月3日.

保障措施。2020 年要优先稳就业保民生，坚决打赢脱贫攻坚战，努力实现全面建成小康社会目标任务。

彭水县职业教育中心把学生家庭脱贫与学校工作作为重点工作，一方面接受国家分配的扶贫帮扶任务，做好政策宣传工作，落实国家扶贫政策，积极引导农民做好家庭增收计划，推动产业扶贫、技术扶贫、就业扶贫等具体工作。学校共承担 18 户帮扶任务，落实具体党员干部进行帮扶，做到规定动作不走样，自选动作有亮点，2019 年 12 月，学校所帮扶的 18 户贫困户全部脱贫，通过国家第三方评估机构验收，2020 年 8 月国家再次对全部扶贫户进行复检，学校帮扶的家庭全部复检合格，达到了"两不愁三保障"国家标准，符合国家脱贫全部要求。另一方面学校针对在校学生进行"扶贫、扶志、扶智"的三扶帮扶措施。一是全面梳理在校生生活状况，对于建档立卡贫困户、残疾学生、低保户等学杂费全免，每月提供 200 元的基本生活费保障，学校每年提供近 300 个贫困学生勤工俭学岗位，让贫困生有尊严地自给自足，提倡劳动光荣，培养学生自食其力的能力。二是建立"1+N"人生导师制，通过制度规划让每个学生都有自己的人生导师，导师对每个学生进行人生规划，建立人生目标，树立远大志向，共同推进人生规划。每周一次谈心计划，及时了解学生心理动态，发现心理波动及时进行心理干预，积极引导学生从失败者的心态调整成为我是社会有用之人，我能为社会做出贡献的心态。三是加强学生自律管理，强化学生行为规范，引导学生通过学习知识、强化技能来改变命运。对有升学愿望的学生建立高考班，一切从零做起，树立学生学习信心，逐步提高难度，提升学生高考竞争力。对要就业的学生，规范日常行为习惯，强化就业技能，强化社会适应能力，提升学生社会生存能力。

学校每年资助贫困学生学习经费投入达 1200 万元，通过"三扶"帮扶措施，每年就业学生年收入均在 40 000 元以上，做到了"就业一人，脱贫一家"的初心，对升入大学的贫困生学校每年开展"母校在行动计划"，每年资助贫困大学生 3000 元，同时与相关高校进行对接，做好学生后续帮扶措施，完成"不因贫困而失学"的初愿。

二、助推乡村振兴

乡村振兴战略是习近平同志 2017 年 10 月 18 日在党的十九大报告中提出的战略。农业农村农民问题是关系国计民生的根本性问题，必须始终把解决好"三农"问题作为全党工作重中之重，实施乡村振兴战略①。2018 年 2 月 4 日，公布了 2018 年中央一号文件，即《中共中央国务院关于实施乡村振兴战略的意见》。2018 年 3 月 5 日，国务院总理李克强在做政府工作报告时说，大力实施乡村振兴战略。

乡村振兴彭水县职业教育中心在行动，2017 年 12 月，学校市级示范校成功高质量通过验收，学校民族特色项目获得专家高度认可，提出学校在民族文化与乡村振兴结合上可大做文章。学校结合彭水大旅游的自身定位，提出了民族文化与乡村振兴三步走战略，第一步，做好专业机构调整，培养适合区域经济发展的人才，为乡村振兴提供人才保障；第二步，做好民族文化与地方产业对接，研发民族文化旅游产品，为乡村振兴做好产品研发、生产保障；第三步，学校与彭水旅游企业做好深度产教融合，实现企业即学校、学校即企业的愿景，将民族文化形成产业链，带动民族文化旅游产业发展，助推地方文化旅游经济的发展。

2018 年 12 月，学校结合民族文化特色发展，调整原来学校的六大专业，构建民族文化旅游专业群，2019 年 3 月通过系列调研，启动专业群人才培养方案编写和专家论证，2019 年 9 月开始试运行，2019 年 10 月，学校成立民族文化产品研发中心、民族文化产品电商营运中心，与九黎城、乌江画廊等旅游企业签订深度产教融合合作协议，民族文化旅游产品入驻景区，学生通过定期跟岗、定岗，适应校企双边学习，学习内容贴进市场，注重地方文化与旅游产业融合，形成全新的民族文化旅游人才培养新模式，为乡村振兴战略提供基础人才保障。

三、提升文化效益

学校与民族文化企业、旅游企业合作，挖掘地方文化优势，研发民族文化文创产品，提升民族文化社会经济效益。

2019 年 5 月，与九黎城集团、乌江画廊公司签订提升文化效益协议，学校加强民族文化产品研发与制作，培养的民族文化人才入驻景区，大大提升了景区经济效益，2019 年九黎城在文化产业收入方面与前一年相比增加了 2300 万余元，乌江画廊提升了 22.3%。

学校与民族文化企业彭水颈泰健康合作研发的苗药健康枕头，2019 年 8 月投入生产销售，当年实现 150 万元的营业额。学校通过近十年的民族文化进校园项目打造，逐步形成了重庆市民族文化建设的品牌，为地方经济的发展和提升地方文化的知名度起到了示范作用。

---

① 国务院关于实施乡村振兴战略的意见，2018 年 2 月 4 日.

第十章 >> 民族文化育人的时代展望

通过近十年的民族文化进校园项目建设，构建了"研—学—产—展—销"一体化人才培养模式和"四元融合"文化育人模式，取得了一些成绩，但也有些值得反思的地方。当然，展望未来，民族文化育人的前途光明也是职业学校育人担当。

第一节　民族文化育人的实践反思

民族民间文化进校园项目在学校开展近 10 年，通过项目建设，建成了市县大师工作室 6 个，建成全国民族团结示范校、全国民族团结示范基地、全国非物质文化遗产技能工作室 5 个；培养了全国非物质文化遗产传承人 1 名及 400 余名非物质文化遗产传承人，参与各种非物质文化遗产培训人数达 30 000 余人；开发民族文化教材 8 本、重庆市重点课题 2 项、县级课题 20 余项，发表论文近 100 篇，其中核心期刊 4 篇；与九黎城深度开展校城融合，与其他景区开展文创产品研发与销售，搭建了线上线下一体化运营平台；构建了"研—学—产—展—销"人才培养模式和"四元融合"民族文化育人模式。纵然成绩斐然，但值得反思的问题还是很多，主要有以下几点。

一、产教融合深度不够，政策支持力度不够

原创文旅产品受众面窄，企业参与研发周期长，研发产品投入资金较多，企业更多只愿意使用已有成果和培养好的人才。学校在产教融合方面也做了很多有益的尝试，一是扶持学校聘请的大师参与研发和扶持学生创新创业，成立微型文创产品公司，但大师受传统非物质文化技艺和思维影响，再加上学历层次不高，很难创新设计文创产品；二是牵头成立了重庆市非物质文化遗产传承与保护产教联盟，使重庆、贵州、湖南等地一些从事非物质文化遗产人员抱团发展，虽然平台按预期在运行，不过各个非物质文化遗产之间跨度很

大，很难形成合力，这需要更高层面政府的政策和资金的支持才能有更大发展。

二、民族文化人才就业面较窄，可持续发展后劲不足

学校近几年培养了 400 余名民族文化专门化人才，虽然这方面人才需求量还是很大，就以彭水县为例，每年能接纳民族文化毕业生 100 人左右，每年毕业生供不应求，但能长期留下从事民族文化工作的人只有 30% 左右，一是本地工资水平不高，从业人员收入不稳定，受旅游大环境影响很大；二是就业人员学历层次不高，可持续发展后劲不足。

三、资源开发程度不够，研究水平不高

学校在近十年的项目建设中，收集整理了大量民族文化资源和素材，也整理并开发了多种教学资源，但因为民族文化项目繁多，门类复杂，很难由学校一己之力完成所有资源的开发。另一个原因是研究水平不高，可利用研究资源稀少，从事研究的人员 90% 都有其他工作，研究民族文化不够深入，相对研究成果水平就不高。

第二节　民族文化育人的时代展望

文化的传承与国家的发展和区域经济的发展息息相关，随着国家日益强大，文化的重要性日益突显，十八大以来，习近平总书记在多个场合谈到中国传统文化，表达了自己对传统文化、传统思想价值体系的认同与尊崇。2015 年 5 月 4 日他与北京大学学子座谈，也多次提到核心价值观和文化自信。习近平在国内外不同场合的活动与讲话中，展现了中国政府与人民的精神志气，提振了中华民族的文化自信。

我们国家正在从一个文化大国向文化强国迈进，早在 2011 年 10 月 18 日中国共产党第十七届中央委员会第六次全体会议审议通过的《中共中央关于深化文化体制改革推动社会主义文化大发展大繁荣若干重大问题的决定》，其中最大的亮点就是提出建设"文化强国"长远战略。全会研究了深化文化体制改革、推动社会主义文化大发展大繁荣若干重大问题，认为总结我国文化改革发展的丰富实践和宝贵经验，研究部署深化文化体制改革、推动社会主义文化大发展大繁荣，进一步兴起社会主义文化建设新高潮，对夺取全面建设小康社会新胜利、开创中国特色社会主义事业新局面、实现中华民族伟大复兴具有重大而深远的意义。

2020 年学校立足建设重庆一流、全国有影响、世界有交流的现代化民族特色高水平学校，制定了学校十四五发展规划，规划中明确提出，民族特色是学校未来发展的主线路，一是形成民族文化产业集群，为建设社会主义文化强国努力；二是强化文化自信，加快文化走向世界的步伐；三是为中华民族伟大复兴做出贡献。